字本论
汉字基因密码解读

王业奇　马遂莲 ◎ 著

南开大学出版社
天津

图书在版编目(CIP)数据

字本论：汉字基因密码解读／王业奇，马遂莲著． —天津：南开大学出版社，2022.9
 ISBN 978-7-310-06297-3

Ⅰ.①字… Ⅱ.①王… ②马… Ⅲ.①汉字－研究 Ⅳ.①H12

中国版本图书馆 CIP 数据核字(2022)第 158013 号

版权所有　侵权必究

字本论——汉字基因密码解读
ZIBEN LUN——HANZI JIYIN MIMA JIEDU

南开大学出版社出版发行
出版人：陈　敬

地址：天津市南开区卫津路 94 号　邮政编码：300071
营销部电话：(022)23508339　营销部传真：(022)23508542
https://nkup.nankai.edu.cn

天津创先河普业印刷有限公司印刷　全国各地新华书店经销
2022 年 9 月第 1 版　2022 年 9 月第 1 次印刷
230×155 毫米　16 开本　15 印张　2 插页　180 千字
定价：69.00 元

如遇图书印装质量问题，请与本社营销部联系调换，电话：(022)23508339

序 一

在我国历史上，很早就有了所谓小学这一门学问，代表这门学问的最主要的集大成之作，当然就是东汉许慎所写的《说文解字》。今天看来，《说文》这部书的科学性至少有下面两点可说。

一是以小篆出字。就性质论，《说文》既是我国第一部系统分析汉字字形和考究汉字字源的文字学著作，又是我国首次采用部首编排因此具有开创意义的一部汉字字典。但问《说文》写作目的，实是为了读经。古文经都是用先秦文字写成，许慎初作《说文》时，隶书已在实行，但终因小篆为秦并天下后唯一制定的文字，所以出字以篆文，正可承上启下，广大其用。《说文·叙》云："今叙篆文，合以古、籀。"段玉裁注曰："小篆因古、籀而不变者多，故先篆文，正所以说古、籀也。隶书则去古、籀远，难以推寻，故必先小篆也。其有小篆已改古、籀，古、籀异于小篆者，则以古、籀附小篆之后，曰'古文作某''籀文作某'，此全书之通例也。其变例则先古、籀后小篆。"又于"皆取《史籀》大篆，或颇省改"下注曰："则许所列小篆，固皆古文、大篆，其不云'古文作某''籀文作某'者，古、籀同小篆也。其既出小篆，又云'古文作某''籀文作某'者，则所谓'或颇省改'者也。"不难看出，此处段玉裁注所想说明的，都是关乎篆文字体演化方面的背景事实。对此，王国维评论道："此数语可谓千古卓识，二千年来治《说文》者未有能言之明白晓畅如是者也。"①

二是以六书为纲。《说文·叙》云："《周礼》八岁入小学，保氏教国子，先以六书。一曰指事。指事者，视而可识，察而见意，上下是也。二曰象形。象形者，画成其物，随体诘诎，日月是也。三曰形声。形声者，以事为名，取譬相成，江河是也。四曰会意。会意者，比类合谊，以见指㧑，武信是也。五曰转注。转注者，建类一首，同意相受，考老是也。六曰假借。假借者，本无其字，依声托事，令长是也。"六书之说起自周秦，但向无确称，自许慎为之定名，再无更改，连同班固次序，一直沿用至今。值得注意的是，在中国文字的演进上，六书里面除了极少数的指事和转注，只有象形和会意的字是直接拿一个"形"配一个"义"的。象形如"水"字，虽然跟"川"字差不多同义，但"水"字不能认为是"川"字，"川"字不这么写；会意则如"杲""杳"，"日"在"木"上会明亮，"日"在"木"下会幽暗，字义恰正相反。不待说，六书之中使用最便捷者当属"从某，某声"之所谓形声；只是形声字中，有相当多数的情形，是用了假借的手段以全所谓"以事为名，取譬相成"这一形声造字之名的。如"求"字。"求"本来就是"裘"，即皮衣，象形字；但因假借为祈求的"求"，要跟本来作皮衣讲的"求"区分开来，便在皮衣"求"下面加个"衣"字，结果本来简单的其实是"裘"字本字的"求"只作了抽象的祈求的"求"，"裘"以此被认定为形声字。再如"溢"字。"益"本义是器中水满溢出，从水，从皿，会意字；但因假借为益处的"益"，要跟本来作满溢讲的"益"区分开来，便在满溢"益"左

---

① 王国维. 王国维手定观堂集林[M]. 杭州：浙江教育出版社，2014：169.

边加个"三点水儿",结果本来简单的其实是"溢"字本字的"益"只作了抽象的益处的"益","溢"以此被认定为形声字。顺便指出,"益"和"溢"在深州方言里的分别,不止在义,而且在音,具体说,"益"只读[i˧],"溢"则有二音:在"洋溢"读[n̠i˧],在"溢出(尤指汤食熬制过程中突沸漫出)"读[ɕi˧]。"溢"字读音的这种微妙变化当与元代北方汉语古"影""疑"母合流有关,这里不论。此处想要指出的是"裘""溢"这一类的字其实不是真正意义的形声字,虽然这样产生出来的字在汉字形声字总量中占了不小的比重。

王业奇和马遂莲二君都是好学深思、专心致志的汉语语言学教师。近数年,两人志同道合,一起在熟读《说文》的基础上,精研甲骨、金文,切磋琢磨,取得了不少成就。值得称道的是,两位结合汉字教学,注意观察和分析古今造字之法,逐渐形成了他们的汉字形本思想,并且出色完成了现在的这本颇具妙思的专著《字本论》。汉字形、音、义,形为根本。其论证也,条分缕析,思路缜密,兹概说如次。

(一)表形构件是汉字的意义所在。表形构件,指构件之具有表象功能者。如"月"与"夕",象形。两字形近,初为一字,表"月";后分两字,"月"字中间两笔,"夕"中间一笔,以异其形。从此"月"指月亮,本义无改;"夕"甲骨文指"夜间",如:"今夕其雨疾。"(《合集》12670)金文则指"傍晚",如:"日之夕矣,羊牛下来。"(《诗经·君子于役》)。《说文》:"月,阙也。大阴之精。"《说文》:"夕,莫也。从月半见。"此"构形相似,意义相关"例也。又如"人"与"入",象形。两字同为撇、捺两笔,但相合为字,形有不同,因此字义差别显著。"人"字甲骨文突出躯干和手臂,作侧视人象,《说文》:"人,象臂胫之形。"又,《说文》:"入,内也。象从上俱下也。"此"构形不同，意义不同"例也。

（二）形义构件是汉字意义的依托。形义构件，指构件或表形，或表义，或两种功能兼具者。汉字系统中有不少含"斤"这个构件的会意字。"斤"，甲骨文上刃、下柄，象形，本义为斧具。据此，表示"劈""断"义的字如"析""斫"等都含"斤"，《说文》"析，破木也""斫，击也"等，皆是。又如"即""既"两字，皆含"皀"这个构件。"皀"，初文"簋"，指盛了饭食的器皿。"即""既"二字，甲骨文都是"盛了饭食的器皿"与"人"构成的会意字。所不同者，"即"人面器而坐，义为"就食"；"既"人背器而坐，义为"食毕"。今"即"字表示"即刻""马上"，"既"字表示"已经""已然"，均由此引申得义。此"构件相同意义相关"例也。又如"本""末"二字，指事。"本"，金文从木，根部加一"点"，表明义之所指；小篆"点"变"横"，《说文》："本，木下曰本。从木，一在其下。""末"，金文也从木，与小篆同体，《说文》："木上曰末。从木，一在其上。" 相同构件但在字中位置不同，字义因此而异，"本""末"是，"北""比"亦是。此"构件相同意义不同"例也。

（三）变化形体，协调汉字形义关系。具体说，汉字在字义变化过程中，会选择变化字形的一些手段，使形义达到新的统一。如"来（來）"与"麦（麥）"。"來"在甲骨文里是典型的象形字，系"麥"之本字。在甲骨文中，"麥"字多数从來从夂；少数从禾从夂，为"麥"之异构。金文"麥"从來从夂，但有变化，作为"來"的分化字，小篆整齐划一，隶变后为"麥"，俗写作"麦"。又如"七"与"切"。"七"是"切"的初文，本义为切断。从形体看，甲骨文金文的"七"与小篆的"十"字形接近，但与甲骨文、金文的"十"，字形相差甚远。自甲骨文始，"七"即被借为数字，为示区别，原来表切断义的"七"右边添加表义构件"刀"

以造"切"字。又如"新"与"薪"。"新"字在甲骨文中原有两个形体：一个是从斤，辛声，形声字；一个是从木，从斤，辛声，"斤"与"木"会劈薪意，以是"新"成了一个会意兼形声的字。徐灏《说文解字注笺》云："斫木见白新也。凡物之易于更新者莫如木，故取义焉，因之伐木谓之新，后又加艸为薪。"由是可知，"新"实为"薪"之本字，新旧的"新"则属于一个引申的意思。"新"专作"新旧"的"新"后加形符"艹"重构得"薪"，非真正形声字也。

（四）文化孕育汉字，汉字影响文化。汉语和汉字同是中华民族的活化石，因此通过汉语和汉字可以寻出人类社会运动的历史轨迹，甚至可以找到某些在历史变化中"失去了的环节"。譬如成书于宋代的《三字经》，其中有句云："马牛羊，鸡犬豕：此六畜，人所饲。"①宋代去今已过数百春秋，然而这句话所反映的主要的生活事实变化不大，语言学家罗常培和吕叔湘两位先生都曾对有关描写马、牛、羊的种类、形态乃至身体机能等不同特征的词语做过论证。总之，随着社会的发展变化，政治、制度等社会文化要素也逐渐融入汉字之中，如"王""京""国""秦"等字，都从最初的物质层面进入到了政治层面，此中道理昭然，不烦多叙。

我明显感觉到，本书议论中引据最多的著作是《说文》，足见《说文》对于中国文字学研究所具有的宝贵而恒久的学术价值，不待说，此间自然也包含了作者对于《说文》的研究上的精到。有必要说明的是，许慎撰写《说文》，其时甲骨文尚未出土，所以他在对有些字的解释上，难免会有因为看不到更为早期的文字而出现理解偏误的地方，凡此，本书作者参考前贤研究成果提出了修正意见。如"巳"与"己"。"巳""己"两字在甲骨文、金文中均

---

① 〔宋〕王应麟，等. 三字经·百家姓·千字文[M]. 上海：上海古籍出版社，2017：26.

为象形，而且字形十分相似。具体说，"巳"像发育中的胎儿，"己"像发育成熟的胎儿。但《说文》："巳，巳也。四月阳气巳出，阴气巳藏，万物见，成文章，故巳为蛇，象形。"需要注意的是，《说文》无"己"字，而释"㠯"为"用也。从反巳"，未注六书。前贤有谓"㠯"即"己"字者。对此，段玉裁注云："㠯"之谓"从反巳"，因于两字"篆形势略相反"；又云"㠯"字，"今字皆作'以'，由隶变加'人'于右"。准此，《说文》谓"巳"为"蛇"而"己"字无收，则"巳"与"己"原本字形相似而字义密切的两个字，后世自然也就无从看出其中的造字关系了。

读过全书，感觉《字本论》整体研究上之最可称赞处，是作者对于《说文》中个别释义不够明朗的字，冥思孤往，欣然忘倦，旁搜远绍，有所发现。譬如对"兴"（興）字本义的考证，分析工作就做得扎实可信。《说文》："兴，起也。从舁，从同。同力也。""舁"也是个会意字，《说文》解释为"共举也"。准此，则"兴"字似以释作"多人共举一物"为安。事实上，曾经就有学者根据"兴"字的甲骨文形态，做出过诸如"众人抬盘""众人抬船"乃至"众人绕盘歌舞祭祀"等不同原始字义的推测。对此，本书作者另有看法。具体说，作者通过对自己熟悉的乡村传统盖房过程的联想，认为"兴"字之甲骨文字形所反映的，很大程度上更像是数位（仔细说，四位）男子引大石或木锤打地面的劳动情景，并据此做出了"兴"字的本义应该就是后世所谓"夯"或"打夯"的判断。果如是，则《说文》释"兴""起也"，失之过简；续又释"兴""同力也"，近于引申。由是我想，倘若许氏释"兴"为"起也。众人引石、木以实土，始造屋也"，无疑会大大有利于读者对于"兴"字本义的理解。清代顾张思《土风录》云："吕云孚《六书辨正》：'夯，音烘。北人以大木丈余，平其两端，中凿数十孔，众手举以实土曰夯。'今俗筑基钉桩作儿郎伟声曰打夯。"[1]此中

---

[1]〔清〕顾张思撰，曾昭聪，刘玉红校点. 土风录[M]. 上海：上海古籍出版社，2016：134.

对"夯"字的意义和用法的解释，几与《字本论》两位作者所证"兴"字的意义和用法完全一致。较之于"兴"，"夯"自然是个后起字。据《辞源》引朱熹文以注"夯"字可知，"夯"字至晚出现于宋代。《字本论》作者自然也注意到了"兴""夯"二字在读音上的对应关系。旭按："兴"与"夯"皆古"晓"母字，今见两字的读音，声母方面因"晓"母古今之变导致产生的"兴""夯"两字字音洪细上的不同可以不论，此外当然还是存在韵母方面主要元音上的微小差异。但这是可以解释的。值得注意的是，中国社会科学院语言研究所编《方言调查字表》"夯"字旁注一"夅"字，中国社会科学院语言研究所词典编写组编《现代汉语词典》"夯"字旁注一"砊"字。夅，《集韵》注"虚江切，音江。击也"；砊，《集韵》注"胡公切，音洪。砊，磅，石陨声"。我想，为"夯"字附加旁注的用意，应该是为了说明一个历史事实，即在"夯"字产生之前，"夅"和"砊"都极大可能充当过表示所谓"筑基钉桩作儿郎伟声"的一个读音同"夯"的字，所以鄙见最好不认为它们是"夯"的本字；而从《字本论》作者的研究结果，即从"兴"字的原始意义被证明为"引大石或木实土筑基"的立场看，似乎无妨认为"兴""夯"二字之间是一种古今字的关系。

　　《字本论》此书，可以说是王业奇和马遂莲新近完成的适合于多方面语文读者的一部佳作。今将付梓，问序于我，有感于两位青年勤奋治学，心无旁骛，识小积多，终成大体，因此写了上面的文字，期能再接再厉，续有赓扬。

　　是为序。

张旭，识于 2022 年 6 月 12 日

序 二

2016年5月17日,习近平总书记在《在哲学社会科学工作座谈会上的讲话》中说:"要重视发展具有重要文化价值和传承意义的'绝学'、冷门学科。……还有一些学科事关文化传承的问题,如甲骨文等古文字研究等,要重视这些学科,确保有人做、有传承。"2019年11月1日,习近平总书记在《致甲骨文发现和研究120周年的贺信》中再次强调了甲骨文等古文字研究的重要性,并对广大学者提出要求,他说:"新形势下,要确保甲骨文等古文字研究有人做、有传承。希望广大研究人员坚定文化自信,发扬老一辈学人的家国情怀和优良学风,深入研究甲骨文的历史思想和文化价值,促进文明交流互鉴,为推动中华文明发展和人类社会进步作出新的更大的贡献。"由此可以看出,目前我们国家对古文字研究的重视和鼓励。

古文字主要指先秦至汉代早期的文字。近百年来,由于甲骨文、青铜器铭文、战国和秦汉等古文字资料的大量发现,古文字研究取得了一系列成果,大量的有关古文字方面的专著不断地出版,大量的研究和考释古文字的论文更是不断地发表。在众多的研究成果中,通过古文字形体说解汉字的意义,进而分析汉字形体中的文化信息的著述也日益增多。这是令人欣慰的一件事情，这说明我们已经注意到汉字形体在汉字研究中的重要性。汉字具有形、音、义三个要素，而在这三个要素中，汉字的形体是其最基本的，也是其最本质的要素，换句话说，字形是汉字的本体。所以，在研究汉字时，以字形作为汉字的中心进行研究是必然也是必需的。另外，在研究的过程中，我们也需要注意汉字研究的实际价值，即汉字的教学问题以及汉字的普及问题。

《字本论》这本书以汉字的形体为出发点，从三个部分对汉字形体进行了分析：第一章和第二章是第一部分，简明扼要地介绍了汉字的产生、发展、性质以及汉字的形体与意义、汉字的形体与文化之间的关系。第三章至第五章为第二部分，这三章分别从静态和动态的视角分析汉字的形义关系。构件是汉字的构形单位，构件，尤其是表形构件和表义构件，无论是独立构字或是组合构字时，都能体现一定的构意；汉字在发展演变过程中，其形、义也会发生一定的变化，当形义理据不够清晰时，人们会调整字形，建立新的形、义关系，以维持汉字的表意特征。第六章为第三部分，主要分析汉字的形体与文化之间的关系，分别从衣食住行、婚姻嫁娶、祭祀刑法等方面阐释汉字形体中的文化信息。整本书，有理有据，见解独到，吸收了古文字学术的有关成果，当然也有作者自己的认识。

王业奇是我的博士生，从研读语言学转至古文字学，其间付出了很大的努力。由他和马遂莲完成的这本书，正是他们长期积累、不断努力的阶段性总结。文字的研究是需要和实际结合起来的。随着新时代我国文化事业的发展、繁荣和汉语国际化程度的提高，向汉字教学者、学习者和使用者宣传、普及汉字的构形规律是很有必要的。我们固然需要尖端的、高深的文字学理论研究，我们更需要具体的、实用的汉字研究。《字本论》这本书的初衷就是为广大对外汉语教师、中小学教师、在校大学生及汉字爱好者讲解汉字的形义关系、分析汉字的构形规律；宣传汉字中包含的中华文化信息。古文字学的研究应当为汉字教育、教学提供简明而通俗的科学理论原则，这本书，可以说是古文字学百花园中的一枝新蕾，书中研究的是具体的、通俗的、实用的构形规律，这种研究是古文字学领域不可或缺的重要工作，因此值得鼓励和赞扬。

是为序。

周宝宏，2022年6月15日

凡　例

一、在本书的古文字形体及其发展轨迹展示中，古文字形体来源于以下工具书，出处均采用了统一的简称，对应简称如下：

1.《说文解字》简称为《说文》；

2.《甲骨文合集》简称为《合集》；

3.《甲骨文字典》简称为《甲典》；

4.《金文编》简称为《金》；

5.《新金文编》简称为《新金编》；

6.《甲骨文编》简称为《甲编》；

7.《新甲骨文编》简称为《新甲编》；

8.《战国文字编》简称为《战文编》；

9.《古文字类编》简称为《类编》；

10.《秦汉魏晋篆隶字形表》简称为《篆隶表》；

11.《古玺文编》简称为《古玺》；

12.《续甲骨文编》简称为《续甲》；

13.《甲金篆隶大字典》简称为《甲金篆隶》；

14.《殷周金文集成》简称为《集成》；

15.《古文字诂林》简称为《诂林》；

16.《汉语古文字字形表》简称为《汉语字形表》。

二、本书单独展示的每个古文字形体除标明出处外，一并注明了页码，行文中提及的古文字形体不做标注。

三、本书展示的古文字形体演变轨迹以甲骨文、金文、《说文》小篆为主。

四、本书内容采用简体字撰写，部分汉字因分析形体需要而采用繁体字。

五、《说文解字》在本书第一次出现时用全称，之后皆简称《说文》。

六、三级标题中后加括号的字，括号外为简体字，括号内为与之对应的异体字。

目 录

第一章　绪论 ……………………………………………………… 1
　第一节　汉字的产生、发展及性质 …………………………… 1
　第二节　汉字的形体与意义 …………………………………… 5
　第三节　汉字的形体与文化 …………………………………… 8
第二章　汉字的构件与构形 …………………………………… 10
　第一节　汉字之本——字形 ………………………………… 10
　第二节　汉字的构件 ………………………………………… 11
　　一、构件的特征 …………………………………………… 11
　　二、构件的分类 …………………………………………… 14
　第三节　汉字的构形 ………………………………………… 16
　　一、汉字构形的延续性和变化性 ………………………… 16
　　二、汉字构形的系统性 …………………………………… 17
　第四节　因义构形——汉字永远鲜活的生命力 …………… 20
第三章　表形构件——汉字的意义所在 …………………… 26
　第一节　构形相似，意义相关 ……………………………… 27
　　一、巳，已 ………………………………………………… 27
　　二、戊，戌，戍，戌，戎 ………………………………… 28

　　　　三、母，毋，每 …………………………………………… 31

　　　　四、电，申 ………………………………………………… 34

　　　　五、月，夕 ………………………………………………… 35

　　　　六、孕，包 ………………………………………………… 36

　　第二节　构形不同，意义不同 …………………………………… 37

　　　　一、目，臣 ………………………………………………… 37

　　　　二、由，田 ………………………………………………… 41

　　　　三、玉，王 ………………………………………………… 43

　　　　四、人，入 ………………………………………………… 45

　　　　五、天，元 ………………………………………………… 46

　　　　六、左，右 ………………………………………………… 47

第四章　形义构件——汉字的意义依托 ………………………………… 50

　　第一节　构件相同，意义相关 …………………………………… 51

　　　　一、斤——断，斧，斩 …………………………………… 51

　　　　二、皀——即，既，卿 …………………………………… 53

　　　　三、耳——取，职（聝）………………………………… 55

　　　　四、豕——豬，豚，遯，逐 ……………………………… 57

　　　　五、曾——甑，层，罾 …………………………………… 59

　　　　六、辛——宰，罪（辠），辞，辩 ……………………… 61

　　　　七、辰——蜃，农，辱，晨 ……………………………… 65

　　　　八、攵——败，散，赦 …………………………………… 69

　　　　九、厷，充——肱，疏，流，弃 ………………………… 72

　　第二节　构件相同，意义不同 …………………………………… 75

　　　　一、构件位置不同而造成的意义不同 …………………… 76

　　　　二、构件方向不同而造成的意义不同 …………………… 80

　　　　三、构件功能不同而造成的意义不同 …………………… 83

第五章　形体变化——汉字形义的统一 ····· 93

第一节　形体借用，调整字形，分化形体 ····· 93
一、来，麦 ····· 94
二、丑，扭 ····· 97
三、而，耏 ····· 98
四、亦，腋 ····· 99
五、七，切 ····· 100

第二节　意义增加，添加构件，分化形体 ····· 101
一、益，溢 ····· 101
二、丽，俪 ····· 103
三、寺，持，侍 ····· 104
四、景，影 ····· 107
五、新，薪 ····· 108

第三节　形义疏离，改变字形，统一形义 ····· 111
一、射 ····· 111
二、辜 ····· 113
三、皇 ····· 115
四、望 ····· 116

第六章　文化——汉字形义之根 ····· 121

第一节　文化：汉字的依托 ····· 121
一、羊，狗，马，牛——物质文化的影响 ····· 122
二、国，王，京，秦——制度文化的影响 ····· 132
三、西，南，春，秋——心理文化的影响 ····· 139

第二节　汉字：文化的体现 ····· 149
一、衣食住行 ····· 150
二、婚姻嫁娶 ····· 180
三、祭祀刑法 ····· 188

第七章　结语 …… 200

引述古典文献 …… 204

参考文献 …… 210

后　记 …… 217

第一章　绪论

第一节　汉字的产生、发展及性质

　　文字的产生，是人类发展史上具有划时代意义的大事。马克思称之为人类发展史上第二座重大的里程碑。语言的产生是人类进化史上的一大飞跃，语言拓展了人类的交往手段，使人类享受到了交流的自由和畅快；而文字的产生又为人类文明带来了另一次大的飞跃，文字把人类无形的思想转化成了可视可存的形体，使人类文明得以延续。我们都知道，中国有四大发明，而汉字，堪当不亚于前者的另一大发明，汉字记录并展示了华夏文明的辉煌和灿烂，它不仅仅是祖先留给我们的用于交流和沟通的工具，更是华夏文明的载体。

　　文字最初脱胎于图画，已经被人类所证实。世界上最古老的几种文字——中国甲骨文、苏美尔楔形文字以及古埃及圣书字等，这些古老的文字产生于不同的国度、不同的时间，可是彼此却有一个共同点，那就是形体最初的图画性。人类的祖先用最简单、最直观的方法来描述客观事物，符合人类思维发展规律——由具象到抽象。图画文字的图画与一般的图画不同，图画文字的图画并非为了艺术，而是为了传递信息。当然，图画文字与真正的文字也是有区别的，图画文字的形体与意义建立了联系，但是图画文字并没有与语言中的词、短语、句子形成固定的对应关系，且有义无音。

汉字产生以前，我们的祖先曾采用过结绳和契刻的办法来记事。关于结绳记事的记载，最早见于《周易·系辞下》："上古结绳而治，后世圣人易之以书契"。结绳记事传递信息的功能是有限的，即便是秘鲁土人把绳子染上颜色，也只能是用绳结的大小表示事情的大小，用有限的颜色区别不同的事情。至于契刻记事，主要是用于计数，这种记事功能本身就是有限的。随着人类社会的发展，人们需要记录的事情越来越多、越来越复杂，结绳和契刻的局限性就越来越大。于是人们开始另辟蹊径，寻找便捷且易于传播的方式来记录越来越复杂的概念和事情，这样汉字就产生了。

汉字是谁创造出来的呢？许慎在《说文·叙》中说："古者庖牺氏之王天下也，仰则观象于天，俯则观法于地，视鸟兽之文与地之宜，近取诸身，远取诸物，于是始作《易》八卦，以垂宪象。及神农氏结绳为治，而统其事，庶业其繁，饰伪萌生。黄帝之史仓颉，见鸟兽蹄迒之迹，知分理之可相别异也，初造书契。"许慎认为汉字是黄帝的史官仓颉造出来的。仓颉见到鸟、兽留在地上的印迹后，受到启发，于是开始造字。仓颉是如何造字的呢？许慎进一步解释："仓颉之初作书，盖依类象形，故谓之文。其后形声相益，即谓之字。字者，言孳乳而浸多也。"也就是说，仓颉刚开始造字的时候，是"依类象形"，按字义所表示的事物的形状去构造字形，所以称之为"文"[①]。如，"人"字的构形就是一个侧立的人的形状，有胳膊和腿；"目"字的构形是一只眼睛的样子，眼

[①] "文"的本义是花纹、纹理。

珠内有瞳孔;"牛"字的形体,突出了牛角的形状,尖尖的牛角朝上竖起;"羊"字的形体则突出了羊角向下的形状。后来"依类象形"的方法满足不了人们的需求了,就采用"形声相益"之法。"形声相益"是指用一个表示意义类别的形符和一个表示读音的声符来组构文字的方法,如妈、奶、姨、婶等。许慎认为,用"形声相益"之法造出来的符号才谓之"字","形声相益"是汉字"孳乳浸多"的主要途径。从"文"到"字",是汉字发展的轨迹。

汉字的产生是一个复杂且漫长的过程,绝不是某一个人或者几个人一拍脑门就创造出来的。正如鲁迅先生所说:"但在社会里,仓颉也不止一个,有的在刀柄上刻一点图,有的在门户上画一些画,心心相印,口口相传,文字就多起来,史官一采集,便可以敷衍记事了。"[①]这并非完全否定仓颉在汉字产生过程中所起的作用。如果历史上确有仓颉其人,那么,他的作用相当于秦朝的李斯。秦始皇统一六国之后,就让当时的丞相李斯负责文字的统一工作。李斯所做的工作就是在原来秦国大篆的基础上,融合其他各国的字体,然后对其进行整理、简化,基本废除异体字,实现了文字的统一。所以说,仓颉做的工作跟李斯做的工作基本类似,就是对汉字进行搜集、整理、加工。汉字是劳动人民为了满足日益复杂的交际需要,在图画记事的基础上,共同创造出来的,换言之,汉字创造是一种社会行为,而非个人行为。当然,这里的劳动人民也不是包括每一个人,只能说是劳动人民中的一部分人,毕竟能创造并书写文字的人应具有一定的文化知识。

汉字是何时产生的?学者们的意见并不一致。但是可以肯定的是,成熟的汉字是殷商时期的甲骨文,距今已有3000多年的历史。而后,汉字经历了金文、篆书、隶书等形体变化,至楷书定

---

①鲁迅. 门外文谈[M]//且介亭杂文. 沈阳:万卷出版公司,2014:50.

型，一直沿用到今天。在此过程中，汉字的形体经历了两次比较大的变革——隶变和简化。西周晚期，通行的汉字是大篆，又称"籀文"，后为秦所承袭。与其他六国文字相比，秦所用的大篆确实复杂，象形的成分也较多。这种复杂的文字形体与秦国日益强盛的发展趋势不相匹配，特别是商鞅变法以后，秦国综合国力的愈加壮大、法律条文的颁布及推广、普通百姓受教育机会的增加，这些都大大提高了文字的使用频率。在这种大背景下，大篆被隶书取代就成了不可阻挡的趋势，因为隶书具有书写便捷、结构简单、笔画平直等特点，更能适应法律条文的抄写、宣传和教育的普及，也更受普通百姓的欢迎。西晋卫恒在其《四体书势》中这样评价隶书："秦既用篆，奏事繁多，篆字难成，即令隶人佐书，曰隶字。……隶书者，篆之捷也。"《汉书·艺文志》亦言："是时（指秦时）始造隶书矣，起于官狱多事，苟趋省易，施之于徒隶也。"《说文·叙》中也有这样的记载："秦烧灭经书，涤除旧典，大发隶卒，兴役戍，官狱职务繁，初有隶书，以趣约易。"由此可知，隶书被广泛采用就是因为其形体便于书写记录。隶书的出现堪称中国文字史上的一次大变革，它是古文字和今文字的分水岭。可以与"隶变"相提并论的另一件汉字变革事件则是现代的汉字简化。1955 年，在北京召开了全国文字改革会议，会议通过了《汉字简化方案草案》。1956 年，《人民日报》全文发表国务院的《关于公布〈汉字简化方案〉的决议》和《汉字简化方案》。该方案一共收录了 515 个简化字和 54 个简化偏旁。《汉字简化方案》公布后，共分四批推行，进展十分顺利。

  这两次汉字改革侧重点有所不同，"隶变"的重要工作在于变圆转笔画为平直笔画，把象形笔画化，形成一种崭新的书写形体；"简化"则是对汉字笔画的缩减，对书写形体没有影响。经过两次变革以后，汉字的形体发生了较大的变化，"但是，从总体看，汉字并未发生性质的变化，它的基本构形特点一直是保持着的。汉字属于自源文字，又是表意文字，它既因汉语而发生，必然是适合汉语的，所以只能是音节—语素文字。所以，汉字构形的最大特点是它要根据所记录的汉语词（语素）的意义来构形，因此，汉字的形体总是携带着可供分析的意义信息，这就决定了分析汉字构形，必须同时考虑它的构意——也就是形体中包含的意义信息。"①

第二节　汉字的形体与意义

之所以可以通过汉字形体分析出意义信息，是凭借造字之初造字者的造字理念以及由此产生的造字方法而获得的。汉字的造字法，一般认为有四种：象形、指事、会意和形声。许慎在《说文·叙》中详细介绍了这四种造字法。

"象形者，画成其物，随体诘诎，日月是也。"所谓象形，就是按照字所表示的事物的形象把它描画下来，描画的时候，依照物体的轮廓而曲折宛转，"日""月"就是象形字。"日""月"这两个字现在看来，并不是十分像太阳和月亮，但是在甲骨文中"日"的形体为⊙，"月"的形体为☽，就是太阳和月亮的轮廓。象形字除了日、月，还有人、牛、羊、犬、木、水、山、火、鱼、鸟，等等。

但是，很多事物用笔画很难描绘出它们的形象特征，或者借助笔画描绘事物轮廓十分复杂，这个时候就可以采用指事的方法，"指事者，视而可识，察而见意，上下是也。"如"刃"的构形，

---

① 王宁. 汉字六论[M]. 北京：中国大百科全书出版社，2017：57.

古人是先画一把刀的形象，然后在刀刃处加一指事符号，表明意义所指；又如，"末"字的本义是树梢，古人就在"木"的顶端添加指事符号，这样就明确所指为树梢；再如"寸"字，古文字形体为"㇔"与短"一"组合构成，"㇔"是手的形象，短"一"为指事符号，指出寸口所在，寸口在手下一寸之处。可见，指事多是在象形的基础上增加指事符号来完成的。

"会意者，比类合谊，以见指㧑，武信是也。"会意字，就是用原有的汉字作为构件进行组合，而这些构件通过意义关系来合成一个新的汉字。如果我们用类似数学的等式来表示，就是这样的：$A=a_1+a_2+\cdots\cdots$，A 是最终所造的会意字，a_1、a_2……则是较早产生的汉字。多数会意字是由两个构件组成的，三个、四个组成的非常少，再多的就更难见到了。如"林"字，由两个"木"构成，其中存在的造字逻辑就是木的数量多，这样"林"的意思就出来了；"森"字，由三个"木"构成，木的数量更多，以此会"树林茂密"之意。会意法所造之字的意义是通过构件意义之间的逻辑关系来实现的。这些构件是会意字的基础，它们依然是来源于早期的象形字。

"形声者，以事为名，取譬相成，江河是也。""以事为名"就是根据事物的类别造字，如江、河二字，就是用"氵"表示该事物的意义类别，以此作为这个字字义的提示信息；"取譬相成"就是取一表新字声音的字，作为新字的另一部分，这样与表示事物意义类别的形符相结合组成一个字。形声造字法的基本构造形式是形符/形旁（义符）+声符/声旁，如"妈"字，"女"为形符，表示该字的意义类属，表明"妈"为女性；"马"为声符，由它告诉我们这个新造字的读音。形声是非常能产的一种造字法，因为其构件之一是用来表示声音的，也就是说，它不仅仅可以借助意义，还可以借助读音相同或相似的声符与形符相组合，造出一大批汉字。"春秋战国之时，新产生的字 90% 以上已是形声构形方式构造的；到汉代，形声字占《说文》所收字的比例超过 80%，到宋代形声字占汉字总数达 90% 以上，形声字早在汉代就成为汉字体系构成的主体。"[1]然而，形声字的另一构件还是象形字或指事字，所以，"由'象形'到'形声'，'四书'之间明显表现出由直接到间接、由充盈到虚化的表意弱化趋势。但表意的性质有量变却没有质变，以形'具象'的功能有弱化却没有丧失。"[2]换言之，无论哪种造字法，都反映出古人造字理念中最重要的一点，那就是让汉字形体承载汉字的意义信息。

"通常所说的汉字三要素形、音、义，音和义都是汉字作为汉语的载体由汉语那儿承袭来的，只有字形是汉字的本体。不论研究汉字的字源、字用、风格和它所携带的文化信息，都必须先把汉字的构形规律搞清楚。"[3]汉字的部分字形乃至整体字形都体现了汉字的意义，或者更准确地说，体现了汉字的本义。象形字、指事字和会意字的整体字形都同字的本义有直接关系，而形声字则是部分形体体现了汉字的本义，形声字中的这部分形体，我们一般称作形符。这样理解汉字形体与意义之间的关系，其实不够全面。很多形声字的声符同样具有意义，而且承担着显示该字意义渊源的功能，例如胞、苞、炮、泡、抱、袍、雹、孢、饱等汉字，其中的声符"包"在这些字中都有示源功能，这些字都延续了"包"的核心意义——包裹、包围。可见，汉字形体中携带的意义信息比我们想象的要多。

---

[1] 黄德宽. 书同文字：汉字与中国文化[M]. 南京：江苏人民出版社，2018：81.
[2] 苏新春. 文化语言学教程[M]. 北京：外语教学与研究出版社，2006：193.
[3] 王宁. 汉字构形学导论[M]. 北京：商务印书馆，2015：6.

第三节　汉字的形体与文化

汉字的形体不仅携带着意义信息，还携带着文化信息。汉字是人们创造出来的，在此过程中，一定会受到造字者所处的社会环境和文化心理的影响。同时，汉字也必然能体现出造字者所处时代的文化特征。也就是说，汉字和文化之间是相互依存的关系。

一方面，文化影响并制约着汉字的形体。如"父"字，甲骨文形体为 ，《说文·又部》曰："父，矩也。家长率教者。从又举杖。""又"，即手也。《说文》释"父"为以手举杖的形象，其实不然，"父"字构形中所举并非杖形，而是最早的斧——石斧。一般来说，使用这种较为沉重的劳动工具者为男性，而且多为成年男性，只有这样的人才有足够的力量持石斧从事狩猎等需付出较大力气的劳动。可见，"父"字形体的产生是受到当时社会物质文化和心理文化的影响的，"石斧"是远古时期主要的生产工具，使用者多为男性，而"父亲"这一角色是父权社会中家庭的权威，其主要职责为"率教"，承担着教育子女的任务，因此古人用"手拿石斧"之形来构"父"字之形。再如"男"字，甲骨文形体为 ，《说文·男部》："男，丈夫也。从田，从力。言男用力于田也。"桂馥《说文解字义证》："男主耕，古者无一夫不耕。"其实，"力"即"耒"，为当时常用的一种农具，这种农具有长长的把柄和脚踏的横木，其用途是挖土。既然为农具，使用之时就当用力才可挖土耕作，因此便引申为力气之"力"，"男"字形体由"田"和"力"构成，是受到当时社会"男耕女织"这种生产方式的影响，男性力气较大，因此承担农耕、狩猎等劳动。"教"字，甲骨文形体为🐾，从攴（手持棍形），从子，从爻，会"督责孩子学习使明通计算等道理"之意，爻也兼表声。《说文·教部》："教，上所施下所效也。从攴，从孝。"其形亦是受到当时教育思想的影响，因此，有些学者认为，"父"字和"教"字充分体现出棍棒底下出孝子、棍棒底下出人才的"上施下效"的强制性教育理念。

另一方面，汉字的形体也记录着中国古代的文化信息。如"衣"的甲骨文形体❀，让我们了解到商代衣服已经为对襟上衣，"簋"字的甲骨文形体❀，让我们看到古代盛食物的器皿的形状：圆腹圈足；"宀"字的甲骨文形体❀，则让我们知道，至少在商代，我们的祖先已经不再居住在洞穴之中，而是居住在"上栋下宇"的房屋之中了；"车"字的甲骨文形体❀，形象地描绘出古代车的形状，有车轭、车衡、车辕、车轮及车轮中间的车轴。所以，汉字"除了具有作为记录语言的符号系统的价值功能外，它还可以充当古代某些文化信息的生动提示或指向"①。

本书以汉字的形体为基础，以甲骨文、金文及篆文等古文字形体为视角，说解汉字的意义以及汉字与文化之间的关系，以期帮助更多的人破解汉字形体中的基因密码，进而使人们全面地了解汉字、正确地使用汉字，并从中汲取中国传统文化的营养。

---

① 黄德宽，常森．汉字阐释与文化传统[M]．北京：北京师范大学出版社，2014：3．

第二章　汉字的构件与构形

第一节　汉字之本——字形

汉字的本体是什么？字形。汉字是记录汉语的书写符号，汉字的音和义是外在的，源于我们使用的汉语，只有字形才是汉字固有的，也就是汉字的本体。我国方言众多，同一汉字在不同方言中的发音往往有较大区别。比如"我"字，普通话读为[uo^{214}]，太原方言读作[ɣʵ^{53}]，上海方言读作[ŋu^{13}]，成都方言读作[ŋo^{53}]，厦门方言读作[gua^{53}]，读音有别，但对汉字形体并无影响，都是用同一个汉字来表示。意义的变化同样如此，比如基本义为"撞击"的"打"字，在《现代汉语词典》（第7版）中义项多达24项，然而这诸多义项共用同一形体。不可否认，在汉字的形成、完善阶段，汉语的音义对汉字的形成有一定的影响，但是这种影响是通过汉字的本体即字形实现的，而且其影响并不具有持续性，至近代汉语，汉语音义的变化基本不再引起新汉字的滋生。总之，汉字的形、音、义三要素中"形"才是汉字之本，因此，我们在分析、解释汉字时一般遵循先分析构件与构形再释义的原则，即释字先从形入手，再到字义。

构件和构形是汉字形体发展中的两个重要概念,对汉字形体的分析必须从构件和构形入手。王宁先生在《汉字构形学导论》中对汉字的构件和构形进行了比较详细的描述,主要包括构件的内涵、构件的属性、构件的功能、构形模式、构形的共时认同关系和历史传承关系、汉字构形系统、构形与历史文化的关系以及构形规律与汉字教学等内容。该书理论精辟,提出了适用于古今汉字的结构分析、系统描写的普遍原理和方法,尤其具有开创意义的是,该书建立了汉字构形的术语体系。我们以王宁先生的构件与构形理论为指导,结合汉字形体示例来分析汉字的构件与构形。

第二节 汉字的构件

"当一个形体被用来构造其他的字,成为所构字的一部分时,我们称之为所构字的构件。"[①]构件是汉字的构形单位。比如,"田"和"力"是"男"的构件,"亻"和"木"是"休"的构件。

一、构件的特征

第一,构件具有独立性,能进入其他汉字形体之中,成为所构字的一分子。此外这种独立性还表现在构件体现构意,而不体现构意的笔画则不能称为构件。如"休"字,造字意图正是通过其构件"亻""木"来体现的,但是构成构件的笔画丿、丨、一等均不体现构意。因此,相对于构件,笔画依附于汉字构件,而且不体现构意,是汉字书写层面关注的对象,而非理据构形分析要考虑的。当然,单笔画构件是个例外,比如"一""二"以及"末""本"

---

① 王宁. 汉字构形学导论[M]. 北京:商务印书馆,2015:97.

中起到指事作用的一横，王宁先生称这种构件具有"双重身份"——笔画和单笔构件。

第二，构件进入构形后，呈现出由无层级性到有层级性的发展特征。构件的层级性与为了满足新概念不断增加的需要造出更多汉字以及造字的经济原则有关。源于图画的象形字的构件层级基本为无层级，这和象形字以描画物象为造字原则密切相关。比如，日、月、水、火、土、马、牛、羊等，这些汉字均为单一构件，无法进行层次拆分。另外，还有一种合体象形字是以原有的构形元素为构件，这些构件是一次性体现构意。比如甲骨文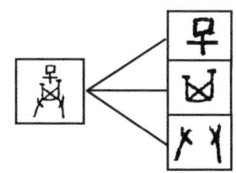（弃）字，其构件拆分如下：

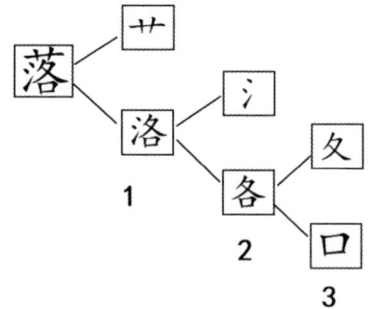

甲骨文字的构意为"双手持簸箕中的新生儿"，三个构件一次性体现构意，无下属层级。当新构字以合体字为构形成分时，新构字字形必然具有了结构上的层级。如"落"字，其构件拆分如下：

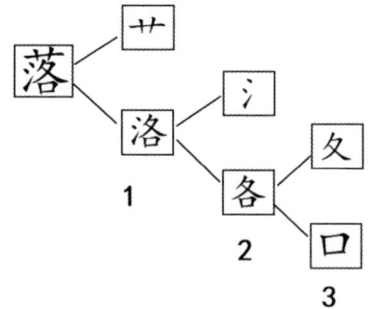

"落"字可以拆分出三个层级，从第一层级拆分至最后一层，直至无法拆分。汉字构形层级的出现使汉字构形方式得以产生，指事字、形声字、会意字正是构形层级制约下的造字表现。特别是形声字的出现使汉字得以大量滋生，而形声字也突出展现了构形的层级性。汉字构形发展历经这样一个轨迹：以象形字为基础材料，象形字又逐渐发展成为构件或成为合体构件的一部分，构件被不断重复利用、组合产生新的构形。构件不断被调整、重复借用，避免了新构件的出现，减轻了造字负担，充分体现了造字的经济原则和人们的简约心理。具有构形层级的汉字在甲骨文形体中已经占有很大比例，据周晓文统计，甲骨文中一个层级的汉字有 942 个，占总数的 68.21%，两个层级的汉字有 168 个，占总数的 12.17%。①因此，构件进入构形的层级性特征与汉字的不断滋生是相伴相生、相辅相成的。

第三，构件在发展过程中，其形体呈现出由可变性到稳定性的特点。汉字构件在产生之初功能为表形，以描画物体的外在轮廓进行构意，尽量突出构件的象物性。基于象物性的基本特点，构件形体往往具有多样性和多变性，这种多变性源于人们对事物观察和勾勒的角度有别。比如，甲骨文的"豕"是典型的象形字，作为单构件字，由于取象差异，"豕"的甲骨文形体多达 100 余个，如 等。甲骨文"车"字更是突出了象物性，其形体差别明显，如 、 、 、 、 等，车的不同构造及其受到的不同毁坏，都在形体中有所体现。随着表形功能的进一步弱化以及人们用字的认知心理制约，形体之间的差别逐渐缩小，并最终实现形体定型。汉字形体发展至小篆，构件已基本定型，据齐元涛统计，小篆共有 414 个基础构件、558 个写法，每个构件仅有 1.3 种写法，远低于甲骨文的平均每个构件 9.5 个写法。

---

① 周晓文. 汉字构形属性历时演变的量化研究[M]. 北京：中国广播电视出版社，2008：57.

二、构件的分类

构件进入构形作为汉字形体的一部分承担着相应的功能，王宁先生称之为"构意功能"，并把构件的功能分为四类，即表形功能、表义功能、示音与示源功能以及标示功能。王贵元先生把构件功能分为表形、表义、表音和纯表符。我们依照王宁先生的说法，把构件分为四类：表形构件、表义构件、示音构件和标示构件。

第一种，表形构件。表形构件具有表形功能，构件的表形功能源于汉字形体对物象的绘制，汉字形体可以直接与物象相对接，体现了汉字源于对事物的描画这一事实。构件的表形功能是最"实"的功能，构意也最为直截了当，实现了"构形—实物"的直观对应，展现了造字之初人们的思维模式，即具象思维。

按照表形构件参与构意的方式，可以把表形构件分为独体表形构件和组合表形构件。独体表形汉字为单构件汉字，这类字多是用来表示常见事物的汉字，如 ☉（日）、☽（月）、〰（水）、Ψ（木）、🐦（鸟）、Ψ（牛）、Ψ（羊）、🐎（马）、🐟（鱼）等。单构件汉字在构形时以绘制事物的典型特征来突出构意，可以说这是独体表形的最大优点也是其最显著的短板，当所要体现的事物比较复杂或者需要进一步细致描述时，就会显得捉襟见肘了。比如，独体表形的"鸟"字，作为表示"鸟"这一总体概念并无问题，但仅依赖形体的区别特征难以绘制出不同的"鸟"来。因此，单构件汉字数量极为有限。

组合表形汉字是由多个构件构成，而且每一个构件都具有表形功能。组合表形是为了记录、书写复杂概念而产生的。比如甲骨文 ⺈（丞）、ⴻ（印）、ⴷ（尽）、ⴽ（即）等。ⴻ 以表形构件 ⴽ、ⴷ、∪ 相组合表示用双手把人从 ∪ 中救出来；ⴷ 以表形构件 ⴽ、ⴷ 相组合表示用手按压使人跪下；ⴷ 以表形构件 人、木、∪ 组合表示终尽；📿以表形构件 🌱、🍴 组合表示就食。有一部分组合表形的字在汉字演变过程中出现了构形变化，其形体中的某个构件类化为与该字构意无关的其他构件。比如，"胃"字金文形体为🔯，小篆形体为🔯，楷书上部构件已经演变成了"田"。王宁先生称此类构件为"象征构件"，其功能为象征表形。

第二种，表义构件。构件进一步发展演变后，不再以物象体现构意，而是以其独用时具有的词义来表示构意。这种以词义表示构意的构件就是表义构件，这里构件在构形时所表示的意义是抽象意义和某一义类。比如"流""淌"表示的是液体的一种状态，"推""扔"表示与手有关的动作。齐元涛认为构件的表义功能属于次生功能，因为这些功能并不是通过构件的形体来体现的，而是源于形体所记录的词的意义。那么，我们如何区分构件的表义功能和表形功能呢？这里就需要从"形"和"义"两个关键点来入手，表形构件当然是以"形"构意，而表义构件则以其独用时的词义来参与构意。

第三种，示音构件。顾名思义，构件在参与构字时起到了提示所构字语音的功能。但是，这种示音只是起到提示的效果，读音或相同或近似，而非准确标注读音。构件的示音功能相较于表形功能和表义功能，更趋于虚化，也就是说构件的示音功能多数情况下对意义分析没有帮助作用。比如铜、铝、装、苹、梨、槐等字，很难从其中的同、吕等示音构件中找出它们对分析字义的提示信息。但是，有相当一部分示音构件具有示源功能，因为汉字中有相当一部分形声字是通过在既有汉字的基础上增加形符滋生而来的，原汉字即源字，就成为新形体的声符。比如"蜃""唇""晨"和"增""赠""甑""缯"这两组形声字，前者源字为"辰"，后者源字为"曾"。

第四种，标示构件。有标示功能的构件并不能单独存在，只是依附于另一个构件上。王宁先生把具有标示功能的构件分为区别作用的标示构件和兼有区别作用与指事作用的标示构件。甲骨文 ⫯（千）的短横、🌢（百）上的短横、🧍（亦）的两点以及金文 ⽊（本）下的点，朩（末）上的点，都属于具有标示功能的构件。

第三节　汉字的构形

汉字的构件着眼于汉字的局部，是对汉字结构进行拆分的结果，而构形则着眼于汉字的整体，构件是汉字构形的基本单位，通过构件的展现和组合才得以产生汉字的整体构形。汉字构形又叫汉字结构、形体构造等，是指汉字在形体结构上"采用哪些构件、数目多少、拼合的方式、放置的位置等"[①]。

一、汉字构形的延续性和变化性

汉字的构形既具有延续性也具有变化性。比如"男"字，其形体从甲骨文至楷书，构件并无实质性变化，"男"字字形演变轨迹如下：

畘 ⟶ 甽 ⟶ 男
(《甲典》1477)　(《金》900)　(《说文》291)

通过形体观察我们可以发现，"男"由两个构件组成，即"田"和"力"，"力"即农具"耒"。该字形体发展具有明显的延续性，构形上除了构件的位置以及各个阶段的形体特点略有变化之外，构件与构形均保持了相对稳定的发展趋势。但是，汉字的构件和构形并非总那么一脉相承，在汉字的发展演变过程中，常常会出

---

① 王宁. 汉字构形学讲座[M]. 上海：上海教育出版社，2002：27.

现构件的变化，这会对构形产生影响，以致对形体分析产生障碍。如独体字"鱼"，其构形在演变过程中就出现了不小的变化。"鱼"最初为典型的独体象形字，在发展过程中，构件出现了剥离与新的组合，至楷体就成为鱼头为"⺈"、鱼身为"田"、鱼尾为"一"的构形。

再如，"鸡"字在演变过程中构件发生了几次变化，历经增加构件、变换构件的形体变化过程，"鸡"字形体演变轨迹如下：

（《甲编》176） → （《甲典》394） → （《说文》76）

"鸡"字最初为独体象形字，而后甲骨文中又出现了增加示音构件"奚"的形体，"奚"与表形构件组合形成了音形合成字。至战国文字，"鸡"字表形构件与同为表形构件的"隹"混用，形体为 。

又如"京"字，楷书形体变为上、中、下三个组成部分，从形体与意义的关系上看，楷体"京"字已经无法反映出造字者的造字意图，其构形变化较大，初始构件发展过程中出现了离析。"京"字本来只是单构件汉字，在形体演变过程中分离为三个部件："亠""口""小"。"京"字形体演变轨迹如下：

（《甲编》246） → （《金》376） → （《说文》111）

从"京"字形体演变轨迹可见，"京"字的小篆形体出现了离析，发展到楷书，已与最初的造字意图越来越远。

二、汉字构形的系统性

对汉字构形的研究既包括对汉字个体构形方式的分析研究，又包括对汉字构形总系统的分析研究，比如对汉字构形要素、构形层次以及组合模式的考察和总结。对汉字各个阶段构形方式进行分析考察，便会发现汉字构形系统逐步形成的过程，历时地看，汉字构形系统发展历经了从系统性差或者说几乎没有系统性可言到具有完整的系统性的发展趋势。

王宁先生在谈到汉字的构形系统时说："殷、周甲骨文、金文的汉字，有相当大量的字符处在象形文字的阶段，不论是零合成的独体象形字，还是会形合成的合体象形字，都以象物性作为表义的手段。这些字符图画性很强，因而个体性很强，字与字之间关系松散，难以形成严密的系统。"[①]虽然普遍认为甲骨文是中国发现最早的体系基本完备的文字，但是不得不说其在构形系统性上还不够完善。处于汉字发展初期的甲骨文，构形上具有清晰的图画意味，以象物性为表义手段，这在独体象形字中表现得尤为明显，如 ᪽（牛）、𩡣（马）、𤝃（犬）、ᖰ（木）等。由于这些字的图画性较强，追求象物性是当时形体构造的目标，因此其汉字个体特别是独体象形字之间的关联度很低，彼此以各自"画成其物，随体诘诎"的构形原则来构造，自然也就形成了彼此相对孤立的构形特征，当然也就谈不上科学的构形系统。但是，这种系统性很差的状况持续时间并不长，很快便被合体象形字以及指事字、会意字、形声字所打破。合体象形字等合成字充分利用原有的独体象形字作为构件来构造新字，并以这种形式不断用原有构件造出更多合成字。比如，"禾"为独体象形字，在 𣎳（秉）、𥡛（兼）等字中被作为构形部件；"目"字在 𥅻（眉）、𥄗（相）、𡈼（面）等字中被作为构形部件，眉、相、面又作为构件进入楣、箱、腼等新的形体中。其实，在甲骨文时期构形系统已经有所体现，并能使用多种后造汉字的构件组合手段来进行区别构意。比如，通过对不同构件的选择来区别构意、通过构件位置的放置来区别构意、通过构件方向的调换来区别构意等。多种构件组合手

---

① 王宁. 汉字构形学导论[M]. 北京：商务印书馆，2015：191.

段的使用克服了独体象形造字能产性低的困境。据郑振峰统计，"甲骨文共有基础构件412个，其中278个成字构件，134个非字构件。"①同时，甲骨文的构形模式也近10种。从构件功能看，有的成字构件发展比较完备，兼有表形、表义或示音功能，比如甲骨文 ，单构件成字具有表形功能，在"出""各""韦"中具有表义功能，在"齿"中具有示音功能。

下面，我们再以"矢"为例，分析汉字构形的系统性。独体象形字"矢"，其甲骨文形体为 ，形体与物象非常接近，为一支箭的形象，有箭头、箭杆ㄦ和箭尾，是一个典型的象形字。后来， 又作为构形部件与其他部件组合构成新的汉字形体，比如至、室、短、矮、侯等。其中"矢"在"短""矮""侯"三字中一直作为保持着原有物象的构件，而在"至""室"中则与另一构件黏合后发生了形体变化。"矢"在"至"中位置和方向出现了变化，为倒置的"矢"，变化原因就是追求与物象的高度相似。"至"的甲骨文形体为 、金文形体为 ，形体上部分为箭，下面一横为地面。《说文·至部》："鸟飞从高下至地也。从一，一犹地也。"许慎认为"至"是鸟从高处飞下来，"不"字，"鸟飞上翔不下来也"，指鸟飞上去。两字的解释都不妥，"至"字上为"矢"之倒形，是箭被射出后到达地面的情形。从语音上说，"至"与"矢"音近，"矢"作为构件又具有示音功能。"至"字由"箭抵达地面"逐渐引申出"到达、及、极点"等意义。构件"矢"在"室"字中未直接参与构意，而是通过第一层级构件"至"的表义功能来实现的，"矢"出现在"室"字构形的第二层级。"室"字的构意为"人到了可以安业的地方"。构件"矢"在"侯"字中具有表形功能，"侯"字的甲骨文形体为 ，金文形体为 。从形体看，"侯"由

---

①郑振峰. 论甲骨文字构形系统的特点及其演变[J]. 语言研究，2004（3）：84.

"厂"和"矢"构成，这里主要突出"厂"形，此形表示一块射布，这块射布就叫作"侯"。《说文·矢部》："春饗所射侯也。从人；从厂，象张布；矢在其下。"古人春天会举行乡饮酒礼，其中有一个项目就是射箭比赛，而射箭的目标——靶子，也就是"侯"。《诗经·齐风·猗嗟》："终日射侯，不出正兮。"其大意为：整天对着箭靶练习射击，箭矢就不会离开靶子中心了。"侯"当时为布或兽皮所制成，能射中"侯"的男子就是技艺超群之人，会得到上级的赏识从而被封官，"侯"也便成了后来的官职。"侯"处于公、侯、伯、子、男五种爵位中的第二等。"短"与"矮"字中的"矢"具有表义功能，"矢"在"短""矮"中仍然是箭的形体。但是，这里的箭并不是用来射的，而是作为一种丈量工具，因为"矢"的另一个功能就是用来丈量较短的东西，这也使得"矢"有了短小之义，其作为构件进入"短""矮"二字，也把这一隐含义携带了进去。从这几例汉字可知，"矢"作为成字构件功能多样、能产性强，且作为基础构件组合成新的汉字形体具有一定的灵活性，即可以从形体上做出改变，可以重复使用，与其他构件不断组合，滋生出一个又一个汉字。

汉字的特点是因义构形，通过形体体现意义，这一表现是汉字有别于世界上其他文字的典型特征。字形是汉字的本体，也是汉字得以发展并具有鲜活生命力的根本。

第四节 因义构形——汉字永远鲜活的生命力

汉字之所以延续数千年没有被抛弃，而且具有越来越鲜活的生命力，可以说是世界文字史上的伟大奇迹，这主要源于汉字本身的优势。汉字是记录汉语的书写符号系统，而且适应它所记录的汉语。汉语的音节共有1298个，其中重复出现的有1102个[①]，如果要求一个音节对应一个意义，那么音节只能负担1102个意义，即使把声调的别义情况计算在内，仍然有大量的同音字、同音词。而汉字以其构形优势弥补了因音节的有限造成的载义缺憾，用汉字记录汉语对同音音节具有离析作用，汉字形音结合扩大了音节的载义量。

汉字具有无穷的魅力和生命力还要归结于其因义构形的典型特征。我国悠久的历史和文化都是通过汉字记录和保存下来的，汉字犹如无声的录像带，通过构件形体和组合关系，向我们展示了汉民族的祖先生产生活的场景。甲骨文 ␣（农）字、金文 ␣（农）字就是一幅古代农民田间劳作的画面：一人手持蚌镰在收割庄稼；甲骨文 ␣（逐）字，似一人追赶逃跑的猪的情景。

汉字区别于其他文字的最大特点就是依据它所记录的意义来构形，相反，拼音文字则据音书写。汉字的产生时代虽遥远，但是其体现的先人的造字意图至今依然清晰可见。古人很早就注意到了汉字的造字意图，许慎在《说文》中多次使用"与某字同意"对汉字形体进行解释。王宁先生举出了"善、美、工、巫、奔"等例子。这样的例子还有：

> 高，崇也。象台观高之形。从冂、口。与仓、舍同意。
> 勺，挹取也。象形，中有实，与包同意。
> 午，啎也。五月，阴气午逆阳。冒地而出。此予矢同意。
> 裘，皮衣也。从衣，求声。一曰象形，与衰同意。

很明显这里的"同意"非意义相同，而是说二字的造字意图相同。

---

① 苏新春. 汉字的语言性与语言功能[M]. 济南：山东教育出版社，2014：63.

以上释例的小篆形体对比如下：髙（高）与倉（仓）、舍（舍）；勹（勹）与包（包）、午（午）与矢（矢）；裘（裘）与衰（衰）。这几组类比字即从构形和构意的角度进行解释的。"高、仓、舍"都含有构件"口"，与建筑物相关；"勹"与"包"，都含有构件"勹"，有包蕴意；"午"与"矢"，上部分形体相近，都有贯之而出的构意；"裘"与"衰"，二字均有离析的构件"衣"，都与人们穿戴的衣物有关。

其实，最能反映古人造字初衷的就是象形字了，象形字源于图画，为直绘物象而构形，构意清晰、直接。例如 ✿（木）、☽（月）、◉（目）、⇕（羊）、Ψ（止）、✦（手）等。以上为独体象形字，即单构件象形字；组合象形字仍能直接体现构意，是多个象形构件以合适的组合方式拼合而成，如金文 ✿（盥）、甲骨文 ✿（出）、甲骨文 ✿（各）、金文 ✿（果）、金文 ✿（眉）、甲骨文 ✿（解），等等。

随着汉字形体的不断演变，原始构形出现了或多或少的变化，有的对构件位置做了调整，有的对原始构件进行了更换。这种情况看似构形和构意背道而驰，其实这是汉字动态发展过程中对构形的合理调整，其中的构意以另一种思路展现，王宁先生称之为"理据重构"。例如"射"和"矮"二字，很多不了解二字演变轨迹的人认为"射""矮"是古人造字时出现的一个错误，二者该对调才正确，即表示身材矮小该用形体"射"，"射箭"的"射"当用形体"矮"。这一看法忽视了汉字的形体与构意之间的重构。"射"字的演变轨迹如下：

✦（《甲编》242）→ ✦（《金》369）→ 躲（《说文》110）

甲骨文、金文中"射"字的构意在构形中体现得很明晰、直接，形体似手持弓箭发射之貌。最初的"射"只是表示拉弓射箭这样一个简单的动作,并无其他文化内涵。后来,"射"与礼仪以及人的安身立命之道有了关联,也就是赋予"射"以文化内涵。《礼记·射义》:"故射者,进退周还必中礼。内志正,外体直,然后持弓矢审固。持弓矢审固,然后可以言'中'。此可以观德行矣。"又言:"射者,仁之道也。射求正诸己,己正而后发,发而不中则不怨胜己者,反求诸己而已矣。"汉字使用者在表意意识的驱使下意欲在形体上对文化内涵有所体现,于是便有了由构件"身"和"寸"组合而成的"射",详见本书第五章。"矮"字见于小篆,《说文·矢部》:"矮,短人也。"从构形上看,"委"表声,同时又有示源作用,"矢"为表义构件,古人常用"矢"作为丈量长度的工具。《说文·矢部》:"短,有所长短,以矢为正。"因此,"矢"就与长度短的事物联系到了一起。"射""矮"二字从构形和构意的发展演变来看,并无造字失误的问题,构形与构意相符,"射"字经过理据重构构意亦清晰、明确。

再如,常用字"兴"的构意是怎样的呢?很显然我们从其简化的楷书形体很难找到其中的线索。但是,我们不能用今天的静态视角来否认汉字是因义构形的。要寻找汉字的构意就要采用动态的研究方法。黄德宽先生认为,汉字结构的科学研究,理应采取动态的分析方法,"动态分析不仅可以运用于考察汉字系统内部不同形体符号的历史演变、结构调整和定型情况,也可以运用于对构成这些单个形体符号的构形方式的分析考察。"[①]"兴"字古文字形体发展演变轨迹如下:

戒 (《甲典》254) → 𦥑 (《金》166) → 興 (《说文》59)

从形体发展轨迹看,简体"兴"字与古文字形体差别较大,其构意

---

① 黄德宽. 汉字构形方式的动态分析[J]. 安徽大学学报(哲学社会科学版),2003(4):2.

已经随着形体的改变而被掩盖。但是，甲骨文、金文形体象物性清晰，形似四手共同抬起中间一物，即众人合力抬起重物，"兴"之构意即为此。金文"兴"还有增加构件"口"的形体，构形为🈶，构件"口"表示众人抬起重物时所发出的声音，当是共同劳作时的加油口号或鼓劲儿唱歌。《说文·舁部》："兴，起也。从舁，从同，同力也。"许慎依据小篆形体🈶重构理据，我们不能说这是一种错误的说解，许慎未见甲骨文、金文，依据某些字的新形体进行理据重构反而是值得称赞的。对汉字构形的动态分析，往往离不开文献资料的佐证和对古人社会生活的考察。"兴"字的构意一直都很有争议，有"众人抬盘"说、"众人抬船"说以及"众人绕盘歌舞祭祀"之说，但是这些猜测都证据不足，难以让人信服。甲骨文、金文"兴"字四手中间的形体有🈶、🈶、🈶等形，也有个别形体为🈶，似凡（盘），但多数形体与🈶差别明显，特别是🈶、🈶、🈶等构形部件。其实，四手之间的部件或为"夯"之物象，"兴""夯"古音相近，"夯"字为后起字，最初当以"兴"为"夯"。因此，"兴"的甲骨文、金文形体构意即为众人抬夯以夯实地基的情景。建造房屋最为重要的一件事是夯实地基，众人抬夯，夯起即兴起，"兴建""大兴土木""兴办"等词中的"兴"均与"众人抬夯夯实地基"有意义渊源。这里涉及字义的引申发展，我们不再展开陈述。

本书对汉字的解释以构件为基本出发点，总结出单字的构形特征。对单字进行分析时，首先要把它放到历时的发展轨迹中去认识，也就是把汉字各个阶段的静态存在形式处理为动态的变化轨迹；然后对所研究的汉字个体在某一阶段的构件和构形进行共时的、静态的描写分析。比如，我们要对前文提到的"鱼"字的构件和构形进行分析，不能仅仅停留在小篆或楷书阶段，否则就难以解释清楚其单构件的构形模式。当我们以楷书"鱼"来解释构字理据时，其中的构件和形体带给我们更多的是困惑，若展示出"鱼"字形体的动态变化轨迹，一切就都清晰明了了。"鱼"字的演变轨迹如下：

通过形体演变展示可以看出，"鱼"字形体在小篆以前是典型的象形字，勾勒出了一条鱼的形象。至小篆形体开始出现形变，鱼头、鱼尾和鱼身呈现出若即若离的构形状态，此后字形逐渐笔画化，直到完全失去象形意味。

第三章 表形构件——汉字的意义所在

构件，是汉字的构形单位。表形构件、表义构件、示音构件、标示构件，不论哪种构件，都有构意功能，但是标示构件不能够独立存在，只能附加在别的构件上，起区别和标示作用；示音构件最主要的功能是示音，其中有一部分构件同时可以提示词源意义，具有示源功能。所以，我们主要分析表形构件和表义构件为汉字带来的意义信息。

所谓表形构件，就是"构件用与物象相似的形体来体现构意，即具有表形功能。表形功能是一种直观的构意功能，它不需要借助其他字来体现其作用，只需要让读者察觉字形与外物的关系即可判断其所指。"[①]正是因为表形构件具有这样的特征，所以，当其独立表形或附加标示构件组合表形时，字形相似，意义就相关；字形不同，意义自然也不同。例如"木""未"二字，"木"，甲骨文、金文形体皆象有枝叶、茎干和根的一棵树之形；"未"，甲骨文、金文的形体都象树木枝叶繁茂之形，因此，"未"的本义为繁茂，与"木"有关。表形构件亦可组合表形，这种情况，我们主

---

① 王宁. 汉字构形学导论[M]. 北京：商务印书馆，2015：106.

要在第四章和表义构件一起进行分析。本章因对比需要，也涉及个别组合表形的情况。

第一节　构形相似，意义相关

一、巳，已

"巳""已"是两个让我们头疼的汉字，因为二者在形体上很像。现代汉语中，"巳"为地支的第六位，也是十二个时辰之一，如"巳时""子、丑、寅、卯、辰、巳、午、未"。"已"有"停止、已经、过一会儿、太"等意义，如"争论不已""事已至此""已婚""已而""不为已甚"。从现在的意义看，二者似乎没有关系，实际上，"巳""已"的本义都与"胎儿"有关。

"巳"字甲骨文、金文字形与"子"同，其古文字形体如下：

（《甲典》1591）（《金》995）

"巳"字，为象形字，象胎儿形，甲骨文凡十二支之"巳"字皆作"子"，"盖十二辰之第六位骨文均不作巳而作子也"①。金文"巳"字更似人形。《说文·巳部》："故巳为蛇"，也就是说许慎认为"巳"为蛇形。从甲骨文、金文的字形可以看出，许慎的说解不妥，"巳"，形似大头的胎儿。这一点，我们从"包"字中也能得到佐证，小篆"包"字形体如下：

（《说文》188）

---

① 于省吾．甲骨文字诂林[M]．北京：中华书局，1996：529．

很显然"包"字中间的"巳"当是胎儿,而非蛇。《说文·包部》:"包,象人裹妊,巳在中,象子未成形也。"后来,"巳"字被假借为地支的第六位,列在"子、丑、寅、卯、辰"之后。

"己"本作"巳","己"字是从"巳"中分化出来的。《释名·释天》:"巳,已也。""己"和"巳"都似一个大头胎儿的形状。《广韵·止韵》:"已,止也。""已"字的本义或为"怀孕终止",后来引申为"停止",也就有了"风雨如晦,鸡鸣不已""学不可以已""鞠躬尽瘁,死而后已""不能自已""争论不已"等说法。

"巳""己"二字的古文字形体相似,都象胎儿之形,"巳"是大头的胎儿;"己"或为"怀孕终止"之义,为了同"巳"进行区别,就堵了一半口。可见,二者字形相似,其本义也是相关的,只不过在演变的过程中,"巳"的形体被借用表示地支;"己"字在本义的基础上进行了词义引申,因而造成了二者现在意义的差别。

二、戈,戊,戍,戌,戎

"戈""戊""戍""戌""戎"五个字看起来就像五胞胎,特别是"戍"和"戌"二字。因此,"戊戌变法"常被错写作"戊戍变法","北京卫戍区"(军区名称)常被错写作"北京卫戌区"。我们先列举一下这五个字的词典释义:

戈,古代的一种兵器,用青铜或者铁制成,形状像板斧。

戊,天干的第五位,十天干为甲、乙、丙、丁、戊、己、庚、辛、壬、癸。

戍,(军队)守卫、防守,常见的词有戍边、戍守、卫戍。

戌,地支的第十一位,十二地支为子、丑、寅、卯、辰、巳、午、未、申、酉、戌、亥。

戎，兵器、武器，常见的词有兵戎；军事、军队，常见的词有戎马、戎装、投笔从戎。

下面我们分别分析这几个字的古文字形体及其发展轨迹。

"戉"字形体发展轨迹如下：

（《甲典》1377） （《金》830） （《金》830） （《说文》266）

"戉"字甲骨文象圆斧之形，金文也有似圆斧的形体，但是有些形体已经发生了很大变化，至小篆形体发生了明显变化，隶书又增加了表义构件"金"。从以上古文字形便可知"戉"本为大斧，为古代的一种兵器，是"钺"的本字。

"戊"字形体演变轨迹如下：

（《甲典》1551） （《金》964） （《说文》308）

"戊"字甲骨文字形和金文字形都象斧钺形。郭沫若先生亦认为"戊象斧钺之形"[①]；李孝定先生也持相近观点："契文金文戊字皆象兵器之形，其形制当与戉戚之属大同而小异。"[②]"戊"字本义现已不用，作为表示天干的"戊"字为同音假借字，与"戊"字的本义无关联。

"戍"字形体演变轨迹如下：

（《甲编》489） （《金》824） （《说文》266）

甲骨文、金文"戍"字都是会意字，左下部为"人"，人上为"戈"，人扛着戈，为"守边"之义，也就是"捍卫国家"的意思。所以，"戍"之义为守卫、防守。杜甫《兵车行》曰："去时里正与裹头，归来头白还戍边。"其大意为：当初去打仗的时候，里正替他裹扎

---

① 于省吾. 甲骨文字诂林[M]. 北京：中华书局，1996：2394.
② 于省吾. 甲骨文字诂林[M]. 北京：中华书局，1996：2395.

头巾，如今头发白了才归来，可是又要去防守边关。现在的"戍"字，左下部的撇和点是由"人"演化而来的，已经完全看不出最初的"人"形了。

"戍"字与"戌"字的简化字形最为接近，是一短横和一点之别。"戌"字形体演变轨迹如下：

$\text{（《新甲编》841）} \rightarrow \text{（《金》1014）} \rightarrow \text{（《说文》314）}$

从字形看，"戌"虽然也象斧形，但是这种兵器是斧口更宽的兵器，与"戉"的区别是大小宽窄不同。"戌"字的短横是由"戌"这种兵器的下边缘演变而来的，"戍"字的点则是由"人"构件的捺演变而来的。后来，"戌"借为干支的第十一位，其本义也渐渐消失了。

"戎"字，从戈，从十，为会意字，"十"为古文"甲"字，因此小篆改"十"为"甲"。"戎"字形体演变轨迹如下：

$\text{（《新甲编》719）} \rightarrow \text{（《金》823）} \rightarrow \text{（《说文》266）}$

"戎"古文字形与"戉""戌"字差别较大，但与"戍"字相似，其差别是一个下面从甲，一个下面从人。"戎"字随着"甲"古文字形的改变也做出了相应的变化。"甲"为护身之具；"戈"是兵器；披甲持戈当为"戎"，现代汉语中，"戎"亦为军事、军队之义。

为了便于理解，我们再把"戉""戌""戍""戊""戎"五个字的甲骨文字形做一下对比总结，字形差别如下：

（戉） （戊）

（《甲典》1377） （《甲典》1551）

(《甲编》489）（《新甲编》841）（《新甲编》719）

"戉"是长柄圆刃大斧兵器，为"钺"之本字；"戊"是斧钺形兵器，与"戉"相似，但形状不同，"戉"为圆斧形，"戊"为半弯月形，后来假借为天干第五位；"成"，为人荷戈之形，保卫、戍边之义；"戌"，似斧形兵器，与"戊"相似，只是宽窄不同，后假借为地支第十一位；"戎"，披甲持戈之形，为军事、军队之义。五字形体相似，其意义也相关，均与兵器有关。

不同之处是："戉、戊、戌"最初为兵器，"成、戎"为人持戈或披甲持戈从事活动之义。

三、母，毋，每

"母""毋""每"三字字形非常相近，其本义也有一定的关联。下面我们就从字形的源头上来解析这三个汉字。

"母"字，现多指称"母亲"或者"母辈"。"母"字甲骨文、金文形体大致相近，都突出了"母"的典型特征。其字形演变轨迹如下：

（《甲典》1307）→（《金》798）→（《说文》259）

从甲骨文、金文字形看，"母"字非常逼真地展现了母性的特征。"母"字是在"女"字的基础上勾勒字形的，"女"字的甲骨文字形为 。"女"字和"母"字中的女子皆侧身低头，且双手收起，似屈膝跪坐之状，展现了女性的柔顺。不同的是，"母"字胸前多了两点，两点为标示构件，表示女子高耸的乳房。因而，从字形上看，"母"字本义是已为人母的妇女。《说文·女部》："母，牧也。从女，象裹子形。一曰象乳子也。"许慎亦认为"母"字的本义为养育孩子的妇女。

也正因为"母""女"二字的字形相近,且意义具有相关性,因此甲骨文中"母""女"二字常互通。比如甲骨文中的母甲、母乙、母丙等,其中的"母"都可以写作"女"。很多甲骨卜辞中,先王、先公的配偶常用"母"或者"女"来表示。例如:"……侑于王亥母。"(《合集》672 正)这里"王亥母"就是指王亥的配偶,即王亥之妻。"贞,燎于王亥女。"(《合集》685 正)"王亥女"即"王亥母"。"□(脱字)辰,贞其祷生于祖丁母妣己。"(《合集》34083)"祖丁母"即为祖丁的配偶。"贞,燎于东女,三犬。"(《合集》14340)此"东女"即为"东母"。

通过"母""女"二字的互通互用,我们可知,"女"是商代女性的通称。但是也有不可通用之时——表示生育子女之"女"只能为"女"而不能为"母"。例如,"甲申卜,㱿,贞妇好娩,㚻?王固曰:其唯丁娩,㚻。其唯庚娩,弘吉。三旬又一日甲寅娩,不㚻,唯女!"(《合集》14002 正)这句话的大意为:甲申这天,贞人㱿问,妇好要生孩子,吉利吗?商王根据卜兆说:丁日那天生,吉利;庚日那天生,大吉;到了 31 天后的甲寅日生孩子,不吉利,因为那天会生个女孩。这里的"唯女"就不能换为"唯母",因为是生育子女之"女"。

"女""母"虽有时可互通,但是各自的意义却非常明确。"女"为当时女性之通称,不论是女人、女孩还是母亲、妻子,都可称为"女"。"母"则具有尊长之义,比如母亲、先王先公的妻子等。

"毋",与"母"同源。"毋"字在甲骨文、金文中皆与"母"字同形,至小篆出现了明显变化,胸前两点变为了一横。至楷书则延长了贯穿上下的一撇,写作"毋"。小篆字形如下:

(《说文》265)

《说文·毋部》曰:"毋,止之也。从女,有奸之者。"其大意为:倘若有男子欲对女子行奸,该女子就应该加以制止或劝阻。因此,许慎认为"毋"的本义是阻止、制止。"毋"字当从"母"字演变而来,有学者认为"毋"字或表示女性不可侵犯。邹晓丽先生提出了更有参考价值的说法:

> "毋"与"母"……同源。如兮甲盘:"母敢不即市……"的"母"即是否定词。从读音上看,"无有"二字连读成"母"。今吴语区"没有"称"呒啥"可证。
> 考"毋"字之来源,则是因母亲对孩子最有权威(特别是母系社会),故"母"被借为禁止词。后来字形改写成"毋"。《说文》的说解荒谬。①

"每"字形似女人头上有草,或有冠饰之形。"每"字的古文字形体演变轨迹如下:

从字形可以看出,"每"字上部有草之类的东西,抑或是头上的装饰物。《说文·屮部》:"每,艸盛上出也。从屮,母声。"因此,古文献中常借"每"表示草木丰茂之义。《左传·僖公二十八年》:"听舆人之诵,曰:'原田每每,舍其旧而新是谋。'"杜预注:"喻晋军美盛,若原田之草每每然",实际上,从字形可以看出,

---

① 邹晓丽.基础汉字形义释源——《说文》部首今读本义(修订本)[M].北京:中华书局,2007:28.

"每"字下为女（母），上面似加笄、束发的簪子，也可能是花翎、锦羽一类的装饰物。一个女子头上戴着花翎或羽毛装饰物，看上去一定很漂亮。因此，"每"的本义为女性头饰盛美。后来"每"被借去表示"往往""时常""每次"之义，其"头饰盛美"义便逐渐消失，不为人知了。

"母""毋""每"，都是用单独的形体或附加标示构件与外物联系来体现意义。三字形体相似，其本义也有一定的关系，"母"本义为已为人母的妇女、"毋"表示母亲、"每"本义为女性头饰盛美。

四、电，申

"电""申"二字极为相似，所别之处就是中间一笔，一个是竖弯钩，一个是竖。那么，二者是什么关系呢？"申"字其实就是"电"的本字，也就是说"申"字就是我们现在说的"电"字的初始字形。徐灏《说文解字注笺》："申，电也。"王筠《说文句读》："知申是古电字，电则后起之分别文。"

"申"，古文字形体演变轨迹如下：

（《甲典》1599）→（《金》999）→（《说文》311）

甲骨文、金文的"申"字，皆如闪电之形，形象逼真。至小篆其形体变化较大，闪电之形被拉直，末端弯曲之处也讹变成似双手之形。《说文·申部》："申，神也。七月，阴气成，体自申束。从臼，自持也。"许慎之说是根据小篆之形进行的说解，并非"申"之本义。从字形看，"申"字形如云层中出现的曲折耀眼之闪电。由于科学技术不发达，古人不理解闪电产生的原理，就幻想闪电是由神控制主宰，甚至认为它就是神的化身。因此，"申"字最初也当"神"字来用。如,《大克鼎》:"天子明哲显孝于申。"《此鼎》:"用享孝于文申。"此两处"申"均为"神"。后来二字逐渐分化,"申"加"示"构件孳乳出新字"神"。

"申"字的意义后来不断引申,义项不断增加。闪电的特点是从发出的中心点不断向周围延伸扩展,所以"申"字便有了扩展、延伸之义,由此义孳乳出的"伸""绅""坤"三字皆有伸展、扩展之义。后来,"申"的引申义成为它的常用义,为了和"闪电"义进行区分,古人便在"申"上添加表义构件"雨",造出"電"字。金文可见"電"字,其形体如下:

(《金》751)

从字形上反映出,"電"是会意字,从雨,从申,表示下雨时的闪光,也就是闪电。《说文·雨部》:"電,阴阳激燿也。从雨,从申。"后来,"電"简化为"电"。

五、月,夕

"月"字和"夕"字的古文字形体很接近,二者的古文字形体如下:

月: 𝄐 → 𝄐 → 𝄐
　　(《甲典》743)　(《金》475)　(《说文》141)

夕: 𝄐 → 𝄐 → 𝄐
　　(《甲典》750)　(《金》482)　(《说文》142)

从"月""夕"二字的古文字形体可见,二者均似半月之形。甲骨文金文中月、夕二字经常混用,可以说二者本为一字,通用无别。二字最初的造字之法为象形,"夕"字的意义也是从月亮而来,后来为别义，二者才逐渐分化。"月""夕"二字的分化从战国时期就越来越明显了，至小篆，二字定型，"夕"字中间只有一笔，而"月"字演变为两笔。

《说文·夕部》："夕，莫也。从月半见。""莫"就是"暮"的本字，因此，"夕"之本义就是日落、傍晚。以下甲骨卜辞中的"夕"就是指夜晚：

戊戌卜，永贞：今日其夕风？（《合集》13338 正）
贞：今夕其雨疾。（《合集》12670）

第一例是问：今天夜里起风吗？第二例的意思是：今天晚上可能有急雨。"夕"字，甲骨文所见卜辞皆为"夜间"，不见"傍晚"之义，"夕"与"日"对言。金文之后"夕"字开始指称傍晚。如：《诗经·王风·君子于役》："日之夕矣，羊牛下来。"《论语·里仁》："朝闻道，夕死可矣。"

六、孕，包

"孕"字和"包"字的古文字构形中都有胎儿之形。"孕"字的古文字形体如下：

（《甲典》1573）（《说文》310）

"孕"为象形字，形如女人怀孕之貌，女人的身体清晰可见，且有突出的腹部，腹内有未成形的胎儿。到了小篆字形就不见女人的腹部，演变成了上人下子的形体。"人"就是女人身体的减省，后来又演变成了"乃"，或因"乃"似女人乳房侧视之形，与"子"结合而会"怀孕"之意。

甲骨文中，"包"与"勹"同形，形体为：

(《甲典》1020)

"包"的形体也非常形象，象胎儿被包裹之形，但不见包裹胎儿的女性之整体形象。"包"字形体及意义，《说文》分析得很准确，"包，象人裹妊，巳在中，象子未成形也。""巳"字甲骨文、金文形体分别为：𗃊、𗃋，象未成形的胎儿之形：大大的脑袋和并拢的两腿。"包"或为"胞"的本字。至小篆，"包"就成为"勹"和"巳"的结合，即𗃌，是典型的会意字，"勹"为包裹之义，"巳"为未出生的胎儿，二者组合会"胎衣"之意。

"孕"字与"包"字的区别在于前者形体见女人身体及腹部，而"包"字形体只见未成形胎儿及外部胎衣，不见女人的身体。两者的本义也有一定的关系，"孕"为怀孕之义，"包"为"胞"之本字，其本义为胎衣，"包"在"胎衣"的基础上通过词义引申，产生了"包裹、包围、包含"等动词义项以及"装东西的袋子、似包裹的东西"等名词义项。

第二节　构形不同，意义不同

一、目，臣

"目""臣"都为象形字，古文字形体都象眼睛之形，但是二者的本义却有很大的区别，主要是因为"目"之形体有横形、有竖形，而"臣"之形体则基本为竖目。

"目"字甲骨文形体如下：

(《新甲编》219)

从以上甲骨文字形可见,"目"字形体多为横向,眼珠之内瞳孔或有或无。战国时,"目"字由横目变为竖目,形体为椭圆的目形也不存在了,取而代之的是线条平行对称的方框形"目",形体为目。"目"字古文字形大致发展轨迹如下:

(《新甲编》219)　→　(《金》233)　→　(《说文》70)

《说文·目部》:"目,人眼。象形。重童子也。凡目之属皆从目。""贞:王其疾目?"(《合集》456正)此"目"即为眼睛。甲骨文中"目"也做动词。如《殷墟书契前编》:"贞:乎目鬼方?"此"目"为察看之义。

"臣"字甲骨文形体如下:

(《甲典》321)

从甲骨文字形可见,"臣"字与"目"字形同,区别之处在于"臣"多数为竖目,竖目之"臣"眼珠内多无瞳孔。"臣"字发展轨迹如下:

(《甲典》321)　→　(《金》204)　→　(《说文》66)

甲骨文、金文"臣"大多形体皆象竖着的眼睛之形,及至战国,"臣"字象形程度弱化,趋于线条化,有潦草的隶书意味,有的眼珠变成了三角形,变化多端,如 。

"臣"字的本义是什么呢?学者们的说法不一,其中,影响最大的为郭沫若先生的"奴隶说"。郭沫若先生从甲骨文、金文材料着手，提出"臣"字"均象一竖目之形。人首俯而目竖，所以'象屈服之形'者殆以此也。"①并指出"臣"原本是奴隶中的叛徒，充当奴隶主统治其他奴隶的工具，相沿既久，后成为为帝王统治服务之人的通称。郭沫若认为"臣"的本义是"奴隶"这一说法是可信的，但是郭沫若对"臣"表示奴隶之义来源的说法则有待商榷。

为什么以形似竖目的"臣"字作为一种奴隶的名称呢？郭沫若先生认为，"人首俯则目竖"。既然奴隶是下人且只能俯首不可正视主人，那又为何有竖目之状呢？若为竖目则显得比较凶狠，有一种怒视之态，这在统治者或主人面前是绝不允许的。那么"臣"字之义该如何解释呢？"目"与"臣"形体之别在于方向不同，但二者的本质区别在于眼睛的状态。

"目"字所象之物——目，为横目，凡从横目之字基本表示眼睛的正常状态。如"眉""见"二字：

(眉) (眉) (见) (见)

(《甲典》374)(《金》237)(《甲典》977)(《金》618)

相反，凡含有竖目之字则多表示眼睛的非正常状态。如"䀠"字和"望"字，其构形部件"目"皆为竖目之形。二字所表示的意义也非眼睛的正常状态，"䀠"从二目，为左顾右盼之义；"望"则表示举目远眺之义。

(䀠) (望) (望)

(《金》237)(《甲典》928)(《金》581)

由以上竖目构形之字可以推断，"臣"字亦当属于眼睛的非正

---

①于省吾.甲骨文诂林[M].北京：中华书局，1996：629.

常状态。今俗语有"竖起耳朵听"的说法，这种听是集中注意力方能实现的。以此类推，"竖起眼睛看"，也在常理之中。"竖起眼睛看"即"臣"字之睁目之形，表示集中注意力注视或怒视。我们比较赞同汪宁生先生的观点，即"臣"或为"瞋"之初文，从字音上讲"臣""瞋"音相通。从意义上讲，"瞋"字本义为"张目"，即为瞪大眼睛，引申义为发怒；而"臣"字，似从一个人的侧面描绘出其张目而视的眼睛形状，表示此人正集中注意力监视。

"臣"字之所以表示奴隶中的一类人，其实与这种奴隶的身份和工作职责有关。奴隶社会时代，奴隶主对广大奴隶实行残酷的统治压榨，奴隶主采取各种手段控制奴隶，其中就包括分化政策，收买奴隶当中的"叛徒"作为监工。"监工"作为奴隶主的收买者，在生产劳动中扮演着奴隶头目的身份，必定会终日注意力高度集中地瞋目望视。因此，竖目之"臣"即为奴隶主效劳做监工的少数奴隶，"臣"字抓住了这类做监工的奴隶瞋目张望的特点。这种特殊身份的奴隶即"臣"，后来又扩大范围指称一般的奴隶。随着王权的不断加强，奴隶之"臣"又引申成了君臣之"臣"，泛指为帝王统治服务之人。

文献中记载的为帝王做事之"臣"，他们的身份已经固定下来，且已经成为统治阶级中的一分子了，完全脱离了奴隶的身份。那么，作为监工的奴隶头目的"臣"是否已经不存在了呢？应该说还没有彻底消失，也就是说"臣"有一个阶段是兼指奴隶和统治阶层的。甲骨文中的"耤臣""小臣"，还有金文中所赏赐之臣，都是有监工身份的奴隶。可以说，奴隶社会"臣"是指称不同身份的人，既可以指称为帝王服务的统治阶层，也可指称一般的监工奴隶。到了封建社会，"臣"的指称便逐渐固定下来了。

"目"与"臣"虽都与眼睛有关，但是字形不同，因而意义不同。"目"字的常态为横目，"臣"字则为竖目。"目"本义即为眼睛,《诗经·卫风·硕人》:"手如柔荑,肤如凝脂。领如蝤蛴,齿如瓠犀。螓首蛾眉,巧笑倩兮,美目盼兮。""臣"字最初指称被奴隶主收买的监工,为奴隶的头目,其日常工作就是终日集中精力瞋目凝望其他奴隶的一举一动。后来,"臣"之义皆为此义的引申。

二、由,田

"由"和"田"形体上很相似,从现在的字形看,二者的区别仅仅在于"由"字中的一竖出头,而"田"字中的一竖不出头。从古文字形体看,二者都是象形字。"由"与"田"古文字形发展轨迹如下:

由:

(《新甲编》63) (《新金编》1050)

田:

甲骨文、金文的"由"字都象圆底的器物之形,《说文》中未收录"由"字,但有从"由"之字,"由""甾"二字甲骨文形近,但是二者金文字形不同,而且音不相近,后来二者常混用。甲骨文的"田"字既似分割整齐的田地,又似田猎战阵的形状,金文和小篆稍省,《说文·田部》:"田,陈也。树谷曰田。象四口。十,阡陌之制也。"所以,"田"指耕种的土地,也指田猎,表示田猎意义的"田"后来写作"畋"。

分别以"由""田"和"冃"为构件,组成的汉字"冑"与"胃"的意义也大相径庭。"冑"字有两个意义:一是"头盔",就是古代战士所戴的帽子;二是"帝王或贵族的子孙",冑裔、贵冑。"胃"字主要表示消化器官的一部分。"冑"字与"胃"字意义上的区别是不是由"由"字和"田"字的意义引起的呢？不完全是，实际上，"胄"字上面的构件"田"与我们前面所说的"田"字并不是一回事。下面，我们进行具体的分析。

古人在沙场上征战，最重要的莫过于能有一套护身的铠甲，头盔也就是"胄"当然也是必需的了。古时因制作原材料的不断发展，胄的材质也由皮变成了金属材料。"胄"字的甲骨文、金文形体如下：

（《新甲编》462）（《金》546）

从甲骨文形体看，"胄"字上"由"下"⊟"。甲骨文"胄"字比较简洁，没有下半部分的"目"，金文则增添了"目"以示头部之义。

随着形体的不断发展演变，"胄"字似头盔的上半部分演变成了"由"，而下半部分的"⊟"则变为"冃"。很多学者都认为这种演变是讹变，其实这种演变轨迹背后应该是有着某种逻辑的："由"与头盔形体较近，中间都是空的，只不过所盛物品有别，一为食物或酒水，一为人头；下面的"⊟"演变为"冃"，"冃"就是"帽"的本字，也在情理之中。

至于表示帝王或者贵族后裔之义的"胄"，与表示"甲胄"的"胄"字本不是一字。《说文·肉部》："胄，胤也。从肉，由声。"也就是说，表示"帝王或贵族的后代"之义的"胄"字是上"由"下"月（肉）"的构形，"月（肉）"为表义构件，"由"为示音构件。《说文·冃部》："胄，兜鍪也。从冃，由声。"表示"盔甲"之义的"胄"字则是上"由"下"冃"的构形，"冃"是表义构件，"由"为示音构件。"月"与"冃"形体极近，后来就混为一体了。

下面，我们再来看"胃"字。"胃"字古文字形体如下：

（《金》282）（《说文》87）

金文"胃"字非常形象，上半部分就像胃的形状，是人或者动物储藏和消化食物的器官。"胃"字形体上面内部像米之物其实是胃里的食物。"胃"字下半部分的"月（肉）"使"胃"字的意思更加明确。《说文·肉部》："胃，谷府也。从肉、⊠。象形。"隶变后楷书写作"胃"。可见，"胃"字上半部分的构件本为"⊠"，后为书写方便，省去"⊠"中的小点，写作"田"。

现在很多汉字的形体比较接近，其实上溯到古文字便可以很容易地辨识出它们之间的差别。为什么不保留古文字最初形体的差别呢？这是汉字经济简洁原则的体现，也是汉字不断向符号化发展的一个趋势。

三、玉，王

"玉"和"王"，从现在的形体看，只是"一点"之别，但是二者的古文字形体区别较大，因此二者的意义也不同。"玉"字的古文字形体演变轨迹如下：

（《甲典》34）（《金》24）（《说文》10）

"玉"字是象形字，甲骨文"玉"字的形状像一串玉，上边是绳结。金文和小篆"玉"字省作三玉串联，同时省略绳结，并整齐化。《说文·玉部》："玉，石之美。……象三玉之连。｜，其贯也。""玉"字的本义是玉石。"玉"字中的"点"是标示构件，从战国时期开始添加，小篆承袭战国文字但是未添加标示构件，汉代以后，多添加标示构件，写作"玉"。

《说文·王部》："王，天下所归往也。董仲舒曰：'古之造文者，三画而连其中谓之王。三者，天、地、人也，而参通之者王也。'孔子曰：'一贯三为王。'"许慎对"王"字的说解，似乎遵循了形义结合的方法，借助董仲舒和孔子之说来阐释"王"之义："溥天之下，莫非王土。率土之滨，莫非王臣。"实际上，许慎对"王"的阐释只是根据当时的社会思想进行的逻辑解说，或者说是附会而为。许慎根据小篆"王"的字形——三横一竖进行阐释：三横象征着天、地、人三才，此说源于《周易》之思想；一竖则象征着王，能贯通三才者，便是"王"。很显然，这种阐释从儒家政治理想出发，体现了儒家"天人合一"的思维模式，但与文字学研究本身相差较远。若从形义结合的角度出发，拿出许慎未见的甲骨文、金文字形则更能证明其说解之不妥了。"王"字古文字形体演变轨迹如下：

（《甲典》32） → （《金》18） → （《说文》9）

从字形看，许慎视为会意字的"王"，其实为象形字。"王"字，甲骨文为斧钺之形，上为斧柄下为斧头，而且突出斧刃。

关于"王"字字形的解释，我们还可以用表示武器的"戌"字来佐证：

（《新甲编》841）

"王"字的甲骨文字形正是从"戌"字的上半部分演变而来，去掉了"戌"的长柄。从当时社会和战争状况可以想见，以类似斧钺的武器象征着王权再合适不过了。后来"王"用来指称古代的最高统治者。

"王"字形体源于武器,我们还可以从"武"字的古文字形体得到验证。"武"字甲骨文、金文多从止,从戈,但金文形体中亦不乏含有"王"之形构件的,其字形如下:

（《金》828）

以上含有"王"构件的金文"武"可见于利簋、盂鼎、何尊、德方鼎、矢鼎等器物铭文。

四、人，入

"入"的今字形与"人"相近,可是在古文字中特别是在甲骨文、金文中,"人"字与"入"字差别非常明显。二者字形对比如下:

（人） （入）

（《新甲编》473）（《新甲编》330）

从形体看,"人"字一看便似人体之形,而"入"字却形如尖锐的楔形物件,尖锐的东西容易进入其他物体的内部。

从"人"字的形体可见,"人"字象侧视人之形,突出了躯干和手臂,古文字形体多为头部和躯干或手臂相连之形。《说文》不但对"人"字形体进行了解释:"象臂胫之形",还对"人"这种高级动物进行了评价:"天地之性最贵者也"。可见"人"的本义就是能制造工具并使用工具进行劳动的高等动物。《列子·黄帝》:"有七尺之骸,手足之异,戴发含齿,倚而趣者,谓之人。"

"入"字,《说文·入部》:"入,内也。象从上俱下也。"许慎对该字的析形不妥,所释之义也为引申义。"入"字为"内"

字的分化字，"内"字形体如下：

（《甲编》240）（《金》366）

从"入"与"内"的形体看，二者确有关联，因此不少学者包括裘锡圭先生、于省吾先生都认为"入""内""纳"三字是同源的。"内"正如尖锐的东西刺入"冂"里面，以此表示进入内部。后来，"入"字从"内"字中分化出来表示进入。现在，"内"字内部构件像"人"，这其实是"入"的讹变。

五、天，元

"天"和"元"二字，笔画数量相同，但形体区别明显。从二者的古文字形体看，其早期的形体就有明显差别，因此它们的意义也不同。"天"字古文字形体演变轨迹如下：

（《新甲编》2）（《金》4）（《说文》7）

从"天"的古文字形体看，早期的"天"为典型的象形字，似双脚立于地面，双臂张开的人形，头部显得格外突出，甲骨文形体以"口"来表示，至金文头部由空心变为实心，后来实心圆点又演变成了易于书写的横画，逐渐脱离象形意味。"天"字形体中表示头部的部分不论怎么变换，都是在突出头顶，告诉我们"天"之本义即为头顶，又由此义引申指"天地"之"天"。《说文·一部》："天，颠也。""天"当为"颠"之本字，《山海经》中有一名曰"刑天"之兽，就遭受过"凿颠"之刑。"天"字形体演变过程中，因头部的象形意味消失，曾出现横画上部又增加一短横的字形，作 ，这一笔很多人把它确定为装饰性符号，其实从明确形体意义的角度来看，这一短笔应为标示构件。王国维在《释天》中说：

"元字于天上加一，正以识其在人之首，与上诸字同例（上、下、本、末、朱、刃等字），此盖古六书中之指事也。……故𠆢、𠂉为象形字，元为指事字。"①

"元"字古文字发展轨迹如下：

$\overset{\text{（《新甲编》2）}}{\text{丌}} \longrightarrow \overset{\text{（《金》1）}}{\text{𠂉}} \longrightarrow \overset{\text{（《说文》7）}}{\text{元}}$

从构形看，"元"与"天"比较接近，形体均为"人"且突出头部，但"天"字甲骨文头部为空心"口"，"元"字上则为短横，金文又出现了实心圆点。二者最大的不同是"人"的形体，"天"为正面站立之人，以展现人之头顶，而"元"则为侧面之人，以突出人头而非头顶。"元"本义为人头，《尔雅·释诂下》："元，首也。""元""兀"本为一字，均为"首"义，象形字。《说文·儿部》："兀，高而上平也。从一在人上。读若夐。茂陵有兀桑里。"许氏把"兀"字解为会意字，有待商榷，实为象形。金文不见"兀"字，至汉代才对"元""兀"二字做出区分。"元"字同"天"字形体演变相似，似头的黑点变成了一横画，写作"兀"，后来为指出首之所在，又添加了一横作为标示构件。

六、左，右

"右"字甲骨文作"又"，表示的物象为右手，且与"左"字形体相对。其甲骨文形体为：

（《甲典》279）

"右"的本字为"又"，后造之字"取""妻""及""秉"等皆

---

① 王国维. 释天[M]//观堂集林（上）. 北京：中华书局，1959：282.

可佐证。后来，因"又"字义项较多，不得不分化字形，这才分化出同音的"右""有"等字，"又"只作为副词使用。

"左"与"右"二字方向相对，皆为象形字。"左""右"二字形体演变轨迹如下：

左：ㄟ（《甲典》314）→ 𠂇（《金》310）→ 𠂇（《说文》99）

右：𠂇（《甲典》279）→ 𠂇（《金》66）→ 𠂇（《说文》32）

"左""右"二字，只有三根手指，此处是以三指代五指，古人常以虚指"三"表示多数。正如《说文·又部》所言："又，手也。象形。三指者，手之刿多略不过三也。"

在卜辞中"左""右"形体常有所区分，但也有例外，这与甲骨文的刻写方向及书写不便有关。在卜辞中，"右""有"以及表示"再"义的"又"都写作"又"。"右""有"等字是从"又"字滋生出来的。在表示左、右手时，"左""右"二字构形方向刚好相反，后来引申表示左右方向。

"左""右"二字最初并没有构形部件"工""口"。为什么后来增加"工""口"呢？因为随着意义的不断增加，一个形体担负的意义过多，对形体的差别需求也就越来越迫切，否则就容易造成识读理解上的困难。

从二者发展轨迹可见，"左""右"最初只是方向不同的象形字，简单明了，这也体现了古人造字时的至简原则。后来，二者承担了更多的意义，为了做出区分，便增加了"口"这一构件。至于增加"口"形的原因，一说是纯粹的区别符号，一说是意义增加，为"手口并助"之义。在《班簋》中"左""右"均有"口"，但"口"只是装饰性符号。而在有些铭文中，"口"就有区别意义的作用了，比如《元年师兑簋》中"口"就有别义作用。如下图所示。由于"左""右"均有"口"，形体还是易于混淆。因此，"左"

字在西周中期之后改"口"为"工",此后便定型了。

(《元年师兑簋》拓片)

在几千年的历史演变中,汉字的形体发生了很大的变化,但是,总体而言,汉字表意的基本性质没有改变,形体和意义之间的联系始终都在,形体相似的汉字,在意义上也都有着或多或少的关系。此外,在分析汉字的形体时,我们要以发展的眼光看待问题,要注意汉字形体的演变。前面我们提到,"夕"字形体与"月"相似,其意义也从月而来,从现行汉字的形体看,"多"字是由两个"夕"构成的,但其意义为何与"夕"没有关系呢?这就需要考虑文字最初的形体。甲骨文"多"字并非由两个"夕"叠加而成,而是由两块"肉"叠加而成,"夕"为"肉"形体的讹变,"多"字的意义与古人的祭祀有关,祭祀时最重要的供品就是肉,祭祀时供两块肉便是"多"了。所以,汉字形体中的确携带着可供分析的意义信息。当然,在分析形体时,我们需要注意形体的变化,分析时须从汉字最初的形体出发,因为只有这样,才能真正了解汉字的形体与意义之间的关系。

第四章　形义构件——汉字的意义依托

所谓形义构件，是指表形构件和表义构件。表义构件，就是"构件以它在独用时所记录的词的词义来体现构意"[①]。表形构件和表义构件的区别是："表义构件给构意提供的作用是概括的语义，而表形构件给构意提供的是与事物相关的具体形象。"[②]因为表义构件也可以表示具体的意义，所以表形构件和表义构件有时很难区分。本章主要分析表形、表义构件组合构形模式中形体与意义之间的关系，表形构件和表义构件都具有构意功能，因此，我们这里不详细区分二者，把二者合称为形义构件。同一个形义构件组成的汉字，在意义上总会有一定的关联。比如"口"，以"口"为构件的汉字很多：吻、咽、咀、哺、味、唾、喘、呼、吸、嘘、吹、唱、嘘、噤、唱、和、咄、唉、嗔、噙、吐、吃、啖、哽、叱、呻、吟、叫、叹、唱、咆、哮、啄、唬、呦、唤、吞、含、召、咨等，这些字都与"口"有一定的关联。再如"木"，由"木"组成的汉字如：橘、橙、柚、柿、梅、桃、桂、杜、椅、柞、杨、槐、柜、枸、杞、檀、栋、梧、桐、树、榆、松、柏、根、枝、权、材、

[①] 王宁. 汉字构形学导论[M]. 北京：商务印书馆，2015：111.
[②] 王宁. 汉字构形学导论[M]. 北京：商务印书馆，2015：113.

枯、柱、楣、杠、梳、杷、枷、槌、棚、栈、梯、杖、柄、桶、橹、札、橄、桥、楫、析、棺、椁、樱、梨、杏、李、棠、柔、柴、案、梁等，它们也都与"木"有关。很多汉字的意义看似与构件意义无关，追根溯源，实则都与其形义构件的含义密切相关。

第一节　构件相同，意义相关

一、斤——断，斧，斩

《庄子·杂篇·徐无鬼》中记载过这样一个故事：庄子送葬，过惠子之墓，顾谓从者曰："郢人垩慢其鼻端若蝇翼，使匠石斫之。匠石运斤成风，听而斫之，尽垩而鼻不伤，郢人立不失容。宋元君闻之，召匠石曰：'尝试为寡人为之。'匠石曰：'臣则尝能斫之。虽然，臣之质死久矣！'自夫子之死也，吾无以为质矣，吾无与言之矣！"故事中的"匠石""运斤成风"，即把"斤"挥舞得呼呼作响，然后就把郢都人鼻子上的白灰削得干干净净，神奇的是，郢都人的鼻子并未受到损伤。这里的"斤"显然不是我们现在的计量单位。"斤"的古文字形体发展轨迹如下：

$$\text{𓂝}\ (《甲典》1491) \rightarrow \text{𓂞}\ (《金》925) \rightarrow \text{斤}\ (《说文》299)$$

从以上字形可知，甲骨文的"斤"形似上有横刃下有曲柄的斧头，"斤"的本义就是指斧子一类的工具。但是，至金文"斤"字变得不那么象形了，篆书更是差别巨大，经过隶书、楷书的演变，最后便成了"斤"字。

古代的"斤"为一种生产劳动工具，其用途是砍伐木材，也正因如此，表示"劈、断"的汉字多含有"斤"这一构件，比如析、折、断等。"析",甲骨文、金文和小篆都从木,从斤,会"用斧子劈木柴"之意,《说文·木部》:"析,破木也。一曰折也。从木,从斤。""折",甲骨文形体从斤,从断木;金文形体从斤,从断草,由于断草一上一下叠放,其形似小篆 ᶌ(手),而且"折"后来多指用手折断,因此变为从手,隶变后楷书写作"折"。《说文·艸部》:"折,断也。从斤断艸。……篆文折,从手。""断",《说文·斤部》:"断,截也。从斤,从𢇍。𢇍,古文绝。"《说文·糸部》:"绝,断丝也。从糸,从刀,从卩。"可见,"绝"字本身就有"断"的意思,因此"断"之从斤从𢇍,与"析"以斤破木、"折"之从斤断草不同,"析""折"都是把实物与实物组合在一起会意,而"断"字则由古文"绝"与断物的实物"斤"组合而成,这一方面说明"会意"这种造字法的变化,另一方面证明了"斤"表示"断"的含义已经深入人心。

现代汉语中,"斧"是主要的砍伐工具。"斤"是否就是现在的"斧"?显然不是。"斧"字在甲骨文中就存在:

(《新甲编》780)

《说文·斤部》:"斧,斫也。从斤,父声。""斤,斫木也。象形。凡斤之属皆从斤。"段玉裁注:"斤,斫木斧也。此依小徐本,凡用斫物者皆曰斧,斫木之斧则谓之斤。"也就是说,在古代,"斤"是一种专门用来砍伐树木的工具,而"斧"的用处则比较多,除了砍伐树木之外,还可以用作战场上的武器。《墨子·备穴》中也有这样的记载:"为斤、斧、锯、凿、钃"。由此可见,古人对砍伐工具的分类还是比较细致的。虽然"斤"和"斧"不是同一种工具,但是二者都可用来砍伐树木,这一点,是相同的。

"斩",始见于战国文字,战国文字至小篆、楷书,均从斤,从车。《说文·车部》:"斩,截也。从车,从斤。斩法车裂也。""斩法车裂也"是对"从车"的解释,"车裂"是古代的一种酷刑,早在周代便已存在,春秋战国时期使用得比较普遍,《孔丛子》中记载了子高劝谏齐王废除车裂之刑的事情:"齐王行车裂之刑,群臣诤之,弗听。子高见齐王曰:'闻君行车裂之刑,无道之刑也,而君行之,臣窃以为下吏之过也。'王曰:'寡人尔。以民多犯法,为法之轻也。'""车裂"之所以被反对,是因为其残酷。"车裂"就是把人的头和四肢分别绑在五辆车上,套上马或者牛,向五个不同的方向拉,这样硬生生地把人的身体撕裂为五块,所以又称为"五马分尸"。"斩"为何"从斤"呢?这里的"斤",实际上是"斧",古人用车裂杀人,后人仿效车裂之法改用"斧",故"从斤"。还有一种说法,"斩"的本义从车,从斤,会"砍伐木头做车"之意,也即《诗经·魏风·伐檀》所谓"坎坎伐轮兮"之象。在特指"伐木做车"的基础上,泛指砍伐、砍断,又引申为"砍头、砍杀"。也就是说,《说文》所释其实为引申义。但无论哪种解释,"斩"字肯定都与"斤"有关。

二、皀——即,既,卿

"即"和"既"这两个字,在字形上,半同半异,而且读音上也只是声调不同。所以,我们有时候会将二者混淆。实际上,"即"与"既"的本义也有一定的关系。

"即"字古文字形体发展轨迹如下:

㿝 → 㿝 → 㿝
《新甲编》320 《金》352 《说文》106

我们从以上字形可以看出,"即"字左半部分是一件食器,食器里装满了食物,而右半部分是跪坐的一个人。从距离上看,人离食物非常近,形如紧邻食器坐着就食的样子。因此"即"从字形上看，有"临近、靠近"之义。成语"若即若离"里的"即"就是"靠近"之义。柳宗元《童区寄传》曰："以缚即炉火烧绝之"，这里的"即"也表示"靠近"，意思是：把捆在手上的绳子靠近炉火而烧断它。"即"字金文形体左半部分有所简化，不过我们依然能看出食器的样子，似古食器"豆"的形状。右边的"人"变成了半立形。小篆的"即"变化较大，这跟后来的汉字追求线条和简洁有关系。"即"本义是就食。后来，"即"字被作为副词使用，为"马上""立刻"之义。我们常说的"即日"就是当日，"即地"就是当地，"即兴发言"就是不必准备，张口就来的临时性发言。成语"一触即发""闻过即喜"中的"即"皆是"马上、就"之义。

"既"字，与"即"字构形上很像，二者都采用了食器和人的组合。"既"的古文字形体发展轨迹如下：

$$\text{(《新甲编》321)} \rightarrow \text{(《金》354)} \rightarrow \text{(《说文》106)}$$

"既"字甲骨文、金文字形同"即"相似，同样是食器和人的组合，只不过人坐的方向发生了一些变化。"既"字甲骨文一边是一个高脚的食器，尖尖的部分是盛满的食物。但是人是背向食物跪坐的，而且还张大了嘴巴。这是什么意思呢？这个构形告诉我们，这个人已经吃饱了，所以他不看眼前的食物而是转过头去，即通过背向食物的方式传达"吃完了"的意义信息，或者也可表示吃完食物打了个饱嗝。小篆右边的人形，更能看出该人掉头向后且打饱嗝的样子。

总之，"既"的本义是吃完，并由此引申出"完""尽"之义，后来又引申出"已经"之义，"既得利益""既往不咎""既来之，则安之""既生瑜，何生亮？"等词句中的"既"就是"已经"的意思。

由此可见，"即""既"字形很像，不同的是人面对食器还是背向食器，"即"字中的人是靠近食物，所以词义引申为"临近""靠近"，后来又引申为"立刻""马上"，如即刻、即时、即兴。"既"字中的人是背向食物，所以表示吃完或者吃完要走，引申为"尽""完"和"已经"之义。例如，既成、既得。

"卿"字中间也是一食器。那两边分别是什么呢？我们还是先分析一下"卿"字的古文字字形。"卿"字的古文字形体发展轨迹如下：

（《甲典》1014） → （《金》647） → （《说文》187）

"卿"字是个会意字，两边面对面跪坐的是两个人。两个人面对食器，且食器中盛满了食物，显然，两人正在享用美味。至小篆，人站立了起来，中间的食器也发生了变化，不再那么象形了。"卿"的本义为宾主相向就食，引申为"座上客"，后来就称从其他诸侯国来本国做官之人为"客卿"。《史记·李斯列传》曰："秦王拜斯为客卿。"

三、耳——取，聝（馘）

"取"，《现代汉语词典》（第7版）解释为："①拿到手里：～款｜～行李｜把电灯泡～下来。②得到；招待：～乐｜～暖｜自～灭亡。"[①]这两个义项都与"手"有关，但是"手"拿的内容却不同，一个是具体的，一个是抽象的。古代汉语中，"取"的对象更让人匪夷所思，因为"取"的是"耳"。"取"最初象以手去取被杀敌人的耳朵之形，为动词。"聝""馘"为一组异体字，表示"俘馘"之义。

"取"字甲骨文形体如下：

---

① 中国社会科学院语言研究所词典编辑室. 现代汉语词典（第7版）[M]. 北京：商务印书馆，2016：1079.

（《新甲编》172）

可以看出，"取"字，由"耳"和"又"组成，《说文·又部》："取，捕取也。从又，从耳。《周礼》：'获者取左耳。'《司马法》曰：'载献馘。'馘者，耳也。""取"字本义为割下左耳。问题是，割下谁的左耳？《周礼·夏官司马·大司马》曰："遂以狩田……中军以鼙令鼓，鼓人皆三鼓，群司马振铎，车徒皆作。遂鼓行，徒衔枚而进。大兽公之，小禽私之，获者取左耳。"因此，有人认为"取"之本义为捕获野兽之后割去左耳，此说实难理解，古人打猎之后所获之物必整个带回，为何还要割去左耳？可是，古文献中确实也有打猎之时割去动物耳朵的记载，以计数量作为赏功的参照，不过这是社会发展到一定阶段以后的事情了。

从甲骨文字形中，我们清晰可见，"取"字之"耳"为人之耳，古人造字之时很显然是以"人耳"为参照，而非动物之耳。因此，"取"是古代战争之时，杀死敌人而邀功论赏的一种衡量方法，且都以割左耳来记录数量。那为什么不两耳都割去呢？这是当时的约定，以免因两耳都割下而不好准确统计士兵杀敌的数量。

除了"取"字之外，甲骨文亦有"聝（馘）"字与"耳"有关。"馘"与"聝"为异体字。"聝"字古文字形体发展轨迹如下：

（《甲典》1291） → （《金》773） → （《说文》250）

"聝"字甲骨文字形如"戈"与"目"之组合，李孝定认为"戈"为垂缨之戈，目上之"戈"与"缨"一体，之后出现了讹变致使二者分离。下所从之"目"即为首之省。至金文，"聝"多从𦣻，或声，𦣻为倒首之省形。亦有少数从耳者。小篆形体有两种：从耳或声和从首或声。

《说文·耳部》:"聝,军战断耳也。《春秋传》曰:'以为俘聝。'从耳,或声。馘,聝或从首。"段玉裁注:"今经传中多从首。""聝"字甲骨文形体为会意字,"戈""目"组合会"以戈割首"之意,其金文和小篆形体多为形声字,从䎹或从耳,或声,小篆中还有异体字"馘",从首,或声。"聝"字的形体如"取"字一样,都为我们展示了古代战争中记功的方法,那就是杀死一个敌人,把他的左耳朵割下来,放在身上,耳朵方便携带不会影响继续杀敌,且方便最后计算杀敌数量。

在古代文献中,我们也常看到"馘"字。《诗经·大雅·皇矣》:"执讯连连,攸馘安安。"毛亨传:"馘,获也。不服者,杀而献其左耳曰馘。"孔颖达正义:"罪其不听命服罪,故取其耳以计功也。"《左传·僖公二十二年》:"丙子晨,郑文夫人芈氏、姜氏劳楚子于柯泽。楚子使师缙示之俘馘。"杜预注:"馘,所截耳。"孔颖达正义:"馘者,杀其人、截取其左耳,欲以计功也。"可见,"馘"字和"聝"字的意思确实一样,都是指古代战争中割取敌人的左耳以记功。

四、豕——豬,豚,遯,逐

"豕"为野猪,有着长长的嘴,四足,短尾。"豕"字的古文字形体发展轨迹如下:

㣇(《新甲编》552) → 豕(《金》668) → 豕(《说文》196)

从以上字形可见,甲骨文"豕"字突出蹄、大腹,而且呈现张大口之状,非常形象。发展至金文、篆书,"豕"字逐渐开始简化,但依然能看出大致轮廓。

既然"豕"为野猪,那么我们的祖先要把它们放在家里养着,怎么驯服它们呢?有一字给我们提供了线索,告诉我们驯服野猪的方法就是用箭射取，这个字就是"彘"字。"彘"字的古文字形体发展轨迹如下：

$$\text{甲}(《新甲编》555) \to \text{金}(《金》669) \to \text{篆}(《说文》197)$$

"彘"字从甲骨文字形上看，除了有"豕"形，还在"豕"的腹部多出了一个"矢"。这个"矢"正是箭，表示射之义。罗振玉指出："（甲文）从豕，身着矢，乃彘字也。彘殆野豕，非射不可得。"①黄金贵《古代文化词义集类辨考》认为"豕"是猪的通称，家猪、野猪皆可称为"豕"。甲骨文的"彘"字均为平肚之"豕"，有贯箭状，从形体看，这种"豕"没有肥耷的肚腹，且只能靠箭捕获，当是野猪。箭射是当时捕获野猪的主要方式。捕获之后要驯养，所以周秦文献中，"彘"已被用来指称家猪，内涵较"豕"更小。金文与甲骨文字形方向有所变化，但是构件"矢"仍清晰可见。最让我们迷惑的是小篆的"彘"字，乍一看，"矢"的两边是人，其实是猪的四足。

下面，我们再分析一下含有"豕"构件的汉字到底与猪有何关系。

"豬"字最易解释，该字是"猪"的异体字。《说文·豕部》："豬，豕而三毛丛居者。从豕，者声。""三毛丛居"当如何解释？其实，这里我们不得不佩服古人的观察能力，"三毛丛居"说的是猪一个毛孔内生长三根毛。

"豚"字甲骨文、金文形体如下：

$$\text{甲}(《新甲编》557) \to \text{金}(《金》669) \to \text{篆}(《说文》197)$$

甲骨文"豚"字由"豕"和"月（肉）"组成，强调了此类猪的

---

① 罗振玉. 增订殷虚书契考释[M]. 北京：东方学会石印本，1927：28.

"肉",或为供祭祀用的肉猪。邹晓丽认为,"豚"是专供祭祀用的肉猪(肥猪),因此字形从"肉"从"豕"。之后用来指一般食用的肥猪。金文在甲骨文的基础上又增加了构件"又",当表示手持肉祭祀。《说文·豚部》:"豚,小豕也。……从又持肉,以给祠祀。"黄金贵也认为,"豚"为供祭祀的肥壮阉猪,常指称阉猪,可以是小猪,也可是大猪,其特点是膘肥臀圆,无繁殖能力,专供食用。

"豚"字加一"辶"便成了"遯"字。《说文·辵部》:"遯,逃也。从辵,从豚。""遯"为会意字,或与"豚"总是逃离豢养有关。"遯"字便是后来的"遁","遁入空门"之"遁"便是逃离之义。"遯"字小篆形体如下。

(《说文》41)

"逐"字与"遯"字形体相近,但是二者所从构件"辶"最初并不相同。"遯"从"辵","辵"本义为疾走,突出了"豚"突然逃离的情形。而"逐"从"止",也就是人的脚,强调的则是人追赶之义。"逐"字古文字形演变轨迹如下:

(《新甲编》98) (《金》103) (《说文》41)

从字形可见,甲骨文"逐"由两部分组成,豕和止,金文又增加了构件"彳",强调追赶这种动作行为。

五、曾——甑,层,罾

"曾"为"甑"之本字,本为蒸食物的器具,"曾"字上的两点为冒出的蒸汽。"曾"字甲骨文形体如下:

(《新甲编》39)

单纯从"曾"字的形体看,上半部分似"八",下半部分为"田",实则"曾"字与"八""田"并无关系。"曾"类似于我们常见的蒸锅上的屉,蒸馒头、包子之类的食物都离不开它。或者说它类似于现在的"箅子",我们应该会更明白一些,"箅子"作为蒸食物的器具,有很多洞或者条形空隙,这也正是"曾"字构形中含有似"田"字部件的原因所在。"曾"与"箅子"的不同之处在于:它是底部有洞的蒸屉,有的还另加"箅子"。"八"是什么呢?有了蒸食物的屉,就会伴随着蒸煮的蒸汽,"八"就是向上散发出的蒸汽。甲骨文只是呈现给我们"曾"带孔的底部和蒸煮时散发的蒸汽,以其典型特征形象地告知我们——"曾"是蒸煮的器具。

金文"曾"字的形体较之甲骨文有所变化,形象更为完善,增加了支撑或者存放箅子的锅。金文"曾"字形体如下:

(《金》47)

金文"曾"字下半部分似"口",更准确地说,似存放"箅子"的蒸锅,以ᗡ代锅。金文中有一部分形体在ᗡ中增加了短横,之后演变成了"日",实则与"日"并无关联。

后来"曾"字的意义负担过重,特别是"重"(如曾孙、曾祖父)和"曾经"两个义项使用甚是普遍,因此,表示本义的"曾"字就不得不让位于后来的引申义。为了减少"曾"字的意义负担,就增加表义构件"瓦"新造了"甑"字来表示本义。

"甑"字为什么添加表义构件"瓦"呢?这跟其制作材料有关,新石器时代的甑大多是陶制的,因此后来滋生新字时便添加了

"瓦"这一构件。蒸器"曾"发展到现在经历了不同的材质,西周时期有青铜材质的,后来又有了木质和竹质的。"算"字现以"竹"作为表义构件也同样说明竹制的算子在后来更为普遍。"算"字是后来产生的字,现在看来与"甑"还是有着明显区别的,但是二者功能却是相同的——蒸食物。"甑"比较笨重,相较于"算子"周围多了"笼",竖起的边缘使得"甑"能盛更多的东西。

"曾"与"层"是什么关系呢?"层"的繁体字为"層","曾"为"甑"之初文,"甑"是放在釜(锅)上的蒸煮一类的器具,作为蒸锅的"甑"是一层一层的,同时,"甑"放到釜上显然是增加了一层,这样表示重叠、重复义的"层"字中有构件"曾"就不难理解了。

"罾",会意兼形声字,《说文·网部》:"罾,鱼网也。"徐灏《说文解字注笺》:"罾为方制,以曲竹交四角而中系长绳,沈于水以取鱼。""罾"是古代一种用木棍或竹竿做支架的方形鱼网,在鱼网上增加了木棍或者竹竿,也有"加"义,因此从"曾"。《庄子·外篇·胠箧》:"钩饵罔罟罾笱之知多,则鱼乱于水矣",意思是:钩饵、鱼网、鱼笼之类的用智巧造出的工具多了,那么鱼儿就只能在水里乱游。

六、辛——宰,罪(辠),辞,辩

"辛"字,《现代汉语词典》(第7版)中有"辣""痛苦""辛苦"之义项。而这些义项均不是"辛"的本义。《说文·辛部》解释"辛"为:"秋时万物成而孰;金刚,味辛,辛痛即泣出。从一,从䇂。䇂,辠也。辛承庚,象人股。"许慎的解释参照了古代"五行"的说法,辛为秋,为金,为辛味。此种解释看似很全面,把"辛"义基本含括在内了,但是意义之说解曲折迂回,与造字逻辑很难相合。要弄清"辛"字的本义,我们还需要对其形体进行分析。"辛"字的甲骨文、金文形体如下：

（《新甲编》815）（《金》973）

从"辛"的字形看，如同一种器具。"辛"为象形字，形如一把竖着放的刀，上面的三角形为刀体，最顶端为刀刃，字形下部为刀柄。这种刀为古代的一种刑具，是面额刺字或割鼻耳之用。郭沫若先生认为"辛"象古之剞劂形，也就是像一种曲刀，为施黥的刑具。古时罪不至死，便会以其他形式惩罚，"黥刑"这种惩罚有罪之人的手段，既容易操作又有明显的辨识标记，所以在古代社会中经常被使用。《周礼·秋官司寇·司刑》："墨罪五百"，郑玄注："墨，黥也，先刻其面，以墨窒之。"《水浒传》第七回："就此日，府尹回来升厅，叫林冲，除了长枷，断了二十脊杖，唤个文笔匠刺了面颊，量地方远近，该配沧州牢城"。《水浒传》第三十五回："本州府尹看了申解情繇，赦前恩宥之事，已成减罪，把宋江脊杖二十，刺配江州牢城。"林冲被"刺了面颊"，宋江被"刺配江州牢城"。这里的"刺配"就是从上古的"黥刑"发展而来的，在犯人脸上刺字，而后发往远地充军。

关于"辛"字，学者们的看法颇多。有的学者认为"辛"为一种錾凿工具，而非刑具，后来该工具引申为刀，因用刀劳动非常累，故引申为辛苦。此说认为"辛"为一种錾凿工具较为合理，但是"辛苦"为从刀引申出来的意义的说法很牵强，古人劳作无论用何种工具都会辛苦，因此，此说难以让人信服，且离"罪"义甚远。还有的学者认为"辛"字形体似以斧砍木，也就是把字形分析为上斧下木。这种观点认为甲骨文、金文上部的倒三角就是薄刃的斧头，若从侧面看，"辛"字上部确实象一把薄刃的斧头之形。倒三角下的构形是不是"木"呢？显然不是，"木"不曾有此形。

后来，又有学者认为"辛"与"新"本是一字，"新"字是在"辛"下增加了"木"，右边又增加构件"斤"。其实，"新"为形声字，甲骨文形体最初写为"左辛右斤"，至金文，为了进一步增强表意性，又增加了"木"这一构件。"新"字古文字形体如下：

（《新甲编》780）（《金》927）

因此，"辛"为"新"的本字的说法也不妥。

"辛"本义为施黥刑的工具，也就是惩罚罪人的工具。"宰""罪（辠）""辞""辩"四字皆从辛，它们表示的意义都与罪人、刑法、治理等义有关系。

"宰"字形体如下：

（《新甲编》443）（《金》525）

"宰"字形体由"辛"和"宀"组成，两部分会意即为"宰"的意义。《说文·宀部》："宰，辠人在屋下执事者。从宀，从辛。辛，辠也。"许慎把"辛"释为罪人，也就是说罪人在屋子里做事。《说文》这种解释从意义上是很难说得通的，特别是解释后来的主管、主持、头目等意义时就会显得非常牵强。这里的"辛"若理解为"行刑的工具"，问题就变得简单了。"辛"为行刑的工具，在屋内掌握着行刑工具的人便是"宰"。这类人具有屠杀牲畜或者对犯人行刑的权力，由此便引申出屠杀之义，《汉书·宣帝纪》："其令太官损膳省宰"。颜师古注："宰为屠杀也。"掌握刑具的人也往往是权力的象征，因此"宰"又可以指称古代官吏，亦可以表示主宰者。《集韵·海韵》："一曰官称。"《公羊传·隐公元年》："宰者何？官也。""宰"作为官职有大宰、小宰、宰夫、里宰、宰相等。《正字通·宀部》："凡为事物之主者亦曰宰。"《吕氏春秋·精通》："德也者，万民之宰也。"高诱注曰："宰，主也。"

"罪"字在很多文献中写作"辠"。"辠"为"罪"的本字，为会意字，上半部分是"自"，下半部分为"辛"。《说文·辛部》："辠，犯法也。从辛，从自。""自"为鼻，"辛"为刑具，"辠"本义为割鼻子的刑法。"辠"字古文字形体如下：

（《金》975）（《说文》309）

那么，为什么后来"辠"字演变为"罪"字了呢？《说文·辛部》："秦以辠似皇字，改为罪。"许慎认为，秦朝的时候，"辠"字与皇帝之"皇"字形体相近，为了避讳，所以把"辠"字改为了"罪"字。这种说法虽然有待考证，但是先秦文献中确实未见"罪"字，只有"辠"字，如此可推测"罪"字产生于秦代或者稍晚一些。

"辞"字古文字形体演变轨迹如下：

（《类编》251）（《金》976）（《金》977）（《金》977）（《说文》309）

从形体看，甲骨文"辞"右部构件为"辛"，左部构件较为烦琐，形似整理线轴，以此表示整理、理顺，"辛"则表示从法律的角度来理顺、处理一件事情。如此，"辞"的诉讼义就明确了。从"辞"的古文字形体演变轨迹可见，至金文，出现了多个异体字共存的局面，构形的变化多是右部构件的变化，有在"辛"旁加构件"口"者，有变"辛"为"司"者，构件"司"也有"治理"之义，同时"司"也具有示音功能。因此，金文字形与甲骨文字形相比虽然有较大变化，但二者造字意图却是相似的。《说文·辛部》："辞，讼也。"《尚书·吕刑》："上下比罪，无僭乱辞"。简体字"辞"

由构件"舌""辛"构形，其造字意图也非常明确。

"辩"字由二"辛"一"言"三个构件组合构形，《说文·䇂部》："辩，治也。从言在䇂之间。"从构形看，许氏所释为后来的引申义。"辩"当为"䇂"添加构件"言"的后造字。《说文·䇂部》："䇂，辠人相与讼也。从二辛。"徐灏《说文解字注笺》："讼必有两造，故从二辛，犹二辛（辠）也。两造则必有一是非，因之为辩论之义，别作辩；又为辨别之义，别作辨。"王筠《说文句读》："辩即䇂之累增字。""辩"字的古文字形体如下：

（《篆隶表》1055）（《说文》309）

战国文字"辩"字构形为上两"辛"下"言"，至小篆，构件"言"则置于两"辛"中间。"言"为双方争论之义，"辛"与罪人、刑法相关，那么，"辩"字当为互相诉讼、为自己争辩之义。

七、辰——蜃，农，辱，晨

"蜃""农""辱""晨"四字中都有"辰"这一构件，"辰"是什么意思呢？"辰"字甲骨文、金文字形如下：

（《新甲编》828）（《金》994）

就字形论之，学者们主要有两种观点："辰"字为"蜃"的本字之说和"辰"字为"振"的本字之说。商承祚先生认为"辰"为"振"之初字，"辰"字形体为以手振石之形，即"辰"字由"石"与"双手"组成，会"双手取石"之意。下面我们看看甲骨文、金文中"石"字的字形：

（《新甲编》546）（《金》664）

"石"字的字形轮廓非常清晰，棱角分明，横平竖直，且"口"上之"厂"（似厂）几乎呈现垂直形。我们回过头来再看"辰"字，上部开口度明显过大，呈现约超过 100 度的扇面形。从这一点看，"辰"上部与"石"字迥然不同。如果这一证据还不够充足，我们再看由"石"作为构件的其他汉字的字形构造。具体见下：

（庶）　　（硕）　　（砒）

（《新甲编》544）（《新甲编》547）（《新甲编》548）

由"石"字构成的古文字，部件之间清晰可见，没有粘连衔接之处。但"辰"字却完全不同，其形体的下半部分完全融为一体，很难看出是两个不同的构件。"以手振石"，如何"振"？所谓的"双手"已经与"石"融为一体，且没有任何振石工具。因此，从字形上讲，"辰"字由"石"和"手"组合构成的观点很难成立。

我们认为，"辰"字为"蜃"之初文，为大蛤蜊，也就是大的蚌类。《说文·虫部》："蚌，蜃属。""蜃，雉入海，化为蜃。从虫，辰声。"《国语·晋语九》亦有："雀入于海为蛤，雉入于淮为蜃。"以上解说源于神话，不足信。但可以肯定的是，"蜃"为大蛤蜊。

"蜃"与"辰"有何关系？其实，"蜃"字的下半部分——"虫"为后来添加上去的，"蜃"字最早见于小篆，当是从"辰"字分化而来的。为了便于观察字形及其发展脉络，我们再看一看"辰"字古文字形体发展轨迹：

（《新甲编》828）→（《金》994）→（《说文》311）

从甲骨文和金文可以清楚地看出，"辰"字形如打开的河蚌的侧面图，蚌肉向外伸展。"辰"字金文形体所显示河蚌肉更为清晰，还可见蚌肉的卷曲形状和肉块之间的重叠条纹。"辰"字后来指称二十八星宿中的心宿，是因为心宿的三颗星的排列形状与"辰"的构形相近，然后发展为泛指众星。后来，为了强化"辰"的意义信息，在"辰"下添加表示类属的"虫"构件，"辰"就变成"蜃"了。这正是王宁先生所说的"强化形声字"，即"……象形字的象物性淡化以后，加表义构件强化它的意义类别从而使原字转化为声符的形声字。"①这种"强化形声字"是为了进一步增加汉字的意义信息，由此可以看出，"汉字在表意与表音的相互促进中，一直顽强地坚持自己的表意特点，不断地采用新的方式，增强个体符形和整个符号系统的表意功能。"②

"农"字的繁体字为"農"，从"辰"，郭沫若先生在其《甲骨文字研究》一书中指出："余以为辰实古之耕器，其作贝壳形者，盖蜃器也"③。我国种植业出现得较早，农业种植涉及种、收，这就需要人们制造不同的农具来满足农业生产的需求。据考古发现，新石器时代就出现了蚌刀、石刀、石镰和蚌镰。由这些出土农具可证，远古先民确已使用蚌刀、蚌镰。蚌壳是一种较为坚固且锋利的东西，极易打磨制造成农具。《淮南子·氾论训》曰："古者剡耜而耕，摩蜃而耨。"高诱注："蜃，大蛤。摩令利，用之耨。耨，除苗秽也。"蚌刀、蚌镰为"辰（蜃）"壳所作，所以"辰"就与农业产生了关系。"农"字甲骨文、金文字形如下：

---

① 王宁. 汉字六论[M]. 北京：中国大百科全书出版社，2017：52.
② 王宁. 汉字六论[M]. 北京：中国大百科全书出版社，2017：46-47.
③ 郭沫若. 甲骨文字研究[M]//郭沫若全集：考古编（第一卷）. 北京：科学出版社，1982：204.

(《甲典》257)　　(《金》168)

从以上字形清晰可见，甲骨文、金文"农"字皆从"辰"，"辰"为农具。甲骨文由"林"和"辰"会意而成，金文"农"字更为形象，形体中除了有农田、庄稼以外，还有手持蚌镰（或蚌刀）之形，很明确地告诉我们当时的主要农具由"辰"制造而成。杨树达先生总结"农"字很到位，他指出："字从林者，西方史家谓初民之世，森林遍布，营耕者于播种之先，必先斩伐其树木，故字从林也。从辰者，甲文字作[图]或[图]，象蜃蛤之形。《淮南子·氾论篇》云：'古者剡耜而耕，摩蜃而耨，'知古初民耕具用蜃为之。"①

"辱"字，在现代汉语中，一般为耻辱、侮辱、玷辱之义，而其本义则为锄草。《说文·辰部》："辱，耻也。从寸在辰下。失耕时，于封畺上戮之也。辰者，农之时也。"许慎是根据当时的社会思想所做出的解说，析形有待商榷，所释之义也是引申义。杨树达先生也否定了许说，认为"辱"字的字形中没有体现"失时之义"。"辱"为会意字，由"辰"和"寸"构成，"辰"为收割或除草之农具，"寸"为手，二者组合会"手持蜃器除去杂草"之意，当为"耨"之本字。后来"辱"字由除去杂草引申为"污浊"之义，《广雅·释诂三》曰："辱，污也。"由此逐渐又引申为玷辱、耻辱、侮辱之义，因为引申义较多，为了进行区别，也为了增强意义信息，便在"辱"字上增加表示意义的构件"耒"，造出了"耨"字。

"晨"字，是一个会意兼形声字。"晨"字的古文字形体如下：

---

① 杨树达. 积微居甲文说·卜辞琐记[M]. 北京：中国科学院，1954：28.

𦚔 →（《甲编》107） 辳 →（《金》104） 晨（《说文》60）

从这些形体中可以看出，甲骨文"晨"字从臼，从辰，"臼"为双手，"辰"为收割或除草之农具，"臼"和"辰"组合起来会"以双手持农具开始劳作的早晨"之意，"晨"作为时间标志与古时人们的劳动习惯密切相关，古人都是晨作而暮息。甲骨文有时在字形上加止，表示前去劳作。小篆承接甲骨文并将字形线条整齐化。后来为什么"晨"字又从"日"了呢？这个跟古人对时间的理解有关，人们发现时间与日、月有一定的关系，于是，便出现了异体字"晨"。小篆中还有一个"曟"字，从"三星"，"三星"和"辰"组合会"耕种时天空还有星星的清晨"之意。

"辰"在"蜃""农""辱""晨"中是不可或缺的形义构件，我们可以想见蜃壳当时在农业生产中起到了多么大的作用。"辰"这一构件把这几个看似无关的汉字用一个核心意义给贯穿了起来，也就说，"形体"这根线把汉字串成了一个一个小系统，而这些小系统聚合起来构成了汉字的表意体系。

八、攵——败，散，赦

"攵"，同"攴"，《玉篇·攴部》："攵，同上（即'攴'）。"《广韵·屋韵》："攴，击也。凡从攴者，作攵同。""攵"是"攴"的省写。《说文·攴部》："攴，小击也。""攴"字的形体如下：

攴 →（《甲编》137） 攴 →（《战文编》195） 攴（《说文》67）

"攴"字甲骨文形体像一只手持棍棒，会"击打"之意。战国文字，手的位置发生了变化，由棍棒的旁边挪到了棍棒的下边，棍棒的形状亦发生了改变，其上出现了分叉。篆文承接金文，上边的棍棒之形讹变为"卜"，即许慎所谓"从又，卜声。"隶定后写作

"攴"或"攵"。凡以"攵"为形义构件的汉字，多与"击打"有关。

"败"字的甲骨文形体，主要有三种，如下所示：

（《续甲》28）（《甲编》140）（《甲编》140）

第一种是手持贝，似相击之态；第二种是手持器械击贝之形；第三种则是手持器械击鼎之形。古时，贝和鼎都是非常重要的东西，贝为交易的媒介，作用等同于今天的货币；鼎不但具有烹食的实用价值，更是权力的象征，"鼎鼎有名""一言九鼎""鼎力相助""鼎盛时期"等词语皆能证明"鼎"之重要性。上述三种形体其实都为手持器械毁坏之义，这也正是"败"的本义——毁坏、败坏。

"败"字的金文、小篆形体如下：

（《金》219）（《说文》68）

金文形体右半部分的改变同"攴"，棍棒上面出现分叉，左半部分为两贝，篆文形体又省去一贝。

"手持器械击贝"表示"毁坏"很容易理解，然而，"手持器械击鼎"表示"毁坏、败坏"似乎于理不合，因为鼎，一般为金属所造。《说文·鼎部》："鼎，三足两耳，和五味之宝器也。昔禹收九牧之金，铸鼎荆山之下，入山林川泽，螭魅蝄蜽，莫能逢之，以协承天休。"实际上，"鼎"也有用陶土所制的。也有人认为，"败"的形体是手持器物打坏铸造鼎用的模范，然后把鼎取出。我们认为，"手持器械击贝"为"败"的原始造字逻辑，而以"鼎"为构件或为讹变或为后来的循意构形所致。原因有二：一是甲骨文、金文中"败"的形体多从"贝"，以"鼎"构形的比较少见，字书中，"败"从"贝"之形体亦占多数。二是"贝""败"的上古、中古音相近，因此从二者音形关系上看，"败"的最初形体当与"贝"密切相关。

《说文·攴部》："败，毁也。从攴、贝。""败"本义为毁坏，破坏。后来的引申义——破损、荒废、破旧、衰落等都是从本义引申而来的。

"散"字的基本义为由聚集而分离，其他意思也皆与此有关。"散"字的本义也是散开、分离。也就是说，"散"字从古到今，意义变化不大。"散"字的古文字形体演变轨迹如下：

　　　　（《新甲编》270）　　（《金》283）　　（《金》283）　　（《说文》90）

"散"字甲骨文形体写作"㪔"，左边之构件"林"实际上是两束麻之形，右边为"攴"——手持棍棒形。用棍棒把麻打成碎条状，以便加工成绳子和丝线。《说文·㪔部》："㪔，分离也。从攴，从林。林，分㪔之意也。"金文形体有二，一与甲骨文形体基本相似；另一形体左边为表示肉的构件"⺼"和表示植物的构件"艹"，其造字逻辑为：手持棍棒一上一下地捶打，使肉松散，便于烹调食用。古时，人们把肉弄碎并不像现在这么简单，用刀甚至绞肉机就可以轻松解决。当时最为先进也是最粗暴的方法就是大棒直接击打。至小篆，"散"字左半部分为"艹"和"⺼"的组合，右边手持棍形仍然保持不变，表示用木棍敲打、打散，以便于加工或食用：把麻打乱打成细丝便于加工成绳和线，将肉打碎打散便于加工和食用。《说文·肉部》："散，杂肉也。从肉，㪔声。"许慎之解释是依照小篆形体进行的。至楷书，该字就发生了很大变化，表示"麻"的部分已经不见了，"肉"变成了"月"。

后来，"散"字在这个本义的基础上又引申出散布、松开、零碎之义。

"赦"字，甲骨文无，金文及小篆形体如下：

（《金》217）（《说文》68）

"赦"字，金文形体左半部分为"亦"，小篆形体左边为"赤"，"亦""赤"都是表音构件，"亦""赤"同韵，此乃同韵声旁的替换。"赦"字金文、小篆形体所从"攴"一直未变，表明"赦"与"手持棍棒之类械具"有关，但是具体表示什么呢？《说文·攴部》："赦，置也。从攴，赤声。赦，赦或从亦。"段玉裁注："《网部》曰：'置，赦也。'二字互训。赦与捨音义同，非专谓赦罪也。后捨行而赦废。赦专为赦罪矣。"即"赦"本义为放置、舍弃。《左传·宣公十二年》："左右曰：'不可许也，得国无赦。'王曰：'其君能下人，必能信用其民矣，庸可几乎！'退三十里，而许之平。"《左传》记叙的这一事件的缘起是楚庄王率军攻克郑国后，郑襄公"肉袒"并牵着羊迎接楚庄王，请求楚庄王"不泯其社稷"，楚庄王的左右不同意，认为得到了的国家不能被舍弃，但是楚庄王觉得郑襄公能够屈居他人之下，所以也能够"信用其民"，于是楚军退兵三十里，和郑国讲和。《尔雅·释诂下》："赦，舍也。"郭璞注："舍，放置。"后来，"赦"才指称释放、赦免、宽宥他人的罪过。《左传·襄公十一年》："庚辰，赦郑囚，皆礼而归之"。《广韵·祃韵》："赦，赦宥。"

"赦"字的意义由"放置、舍弃"演变为"释放、赦免"的原因，我们推测，"赦"之本义"放置"应是一种强制性的处置，这种性质的处置是由其形义构件"攴"赋予的。

九、𠫓，充——毓，疏，流，弃

"𠫓"，《说文·𠫓部》："𠫓，不顺忽出也。从到子。《易》

曰：'突如其来如。'不孝子突出，不容于内也。凡厶之属皆从厶。㐬，或从到古文子，即《易》突字。"可见，"㐬"字是"厶"字的异体字。许慎这里的说解不妥，许氏认为"㐬"是"不顺忽出"，其实倒着出生才是顺利的。分娩时，胎儿头先出才是正常的。正着出来，也就是先出来脚后出来头才是"不顺"，即"寤生"，《左传·隐公元年》："庄公寤生，惊姜氏，故名曰'寤生'，遂恶之。"朱骏声《说文通训定声》："子生，首先出，惟到乃顺。"

"㐬"字为"毓"字的简省字形，是"毓"省去"每"或"母"的形体。"毓"字的甲骨文、金文形体如下：

（《新甲编》823）（《金》989）

甲骨文从每，从倒"子"，倒"子"下有水滴状物体。"每"为戴头饰的妇女之形，与倒"子"组合会"妇女分娩"之意，下面的滴状物为血滴或羊水。金文从母，从倒"子"。篆文分化为繁简不同的四个形体：毓、育、㐬、厶。

"毓"字的孕育、生养之义，现代汉语中已不常见，多以"育"字代之。"毓"的本义在古文献可见，"育或从每"，段玉裁注："毓，《周礼》《周易·蒙卦》皆作此字。"《汉书·五行志》："入地则孕毓根核，保藏蛰虫，避盛阴之害；出地则养长华实，发扬隐伏，宣盛阳之德。"颜师古注："毓字与育同。""育"，我们现在也用来表示"生育"之义，《说文·厶部》："育，养子使作善也。从厶，肉声。《虞书》曰'教育子。'毓，育或从每。"《说文》所释"养育"之义为"育"字的引申义；"肉"不仅示音，也有表义功能。"㐬""厶"后来主要作为形义构件，构成疏、流、弃等字。

"疏"为后起字。从㐬，从疋。"疏"字的小篆形体如下：

(《说文》310)

《说文·㐬部》："疏，通也。从㐬，从疋，疋亦声。""疏通"当为"疏"字的引申义。朱骏声《说文通训定声》："㐬者，子生也；疋者，破包足动也。孕则塞，生则通。"张舜徽也在《说文解字约注》中解释："疏之本义为生子气通，因引申为凡疏通疏解之称。"① "疏"由"㐬""疋"构成，"㐬"为倒子之形，"疋"即"足"，二者组合会"孩子顺利生出"之意。孩子倒着出生，说明分娩很顺利，很通畅，由此"疏"又有了"疏导、疏解、疏通"等义。

"流"字，《说文》有两种形体，段玉裁认为"流"是小篆形体，"㳅"为古文、籀文。

(《说文》239)

"㳅"从二水，为义符的复加，后来只保留了一个水，即"流"。"流"表示流水之义，不但与表义构件"氵"有关，也与构件"㐬"有一定关系。《说文·㐬部》："㳅，水行也。从沝、㐬。㐬，突忽也。""㐬"是"倒子"和"血水或羊水"之组合，为女人生子时的情形，女人生子多突然发生，"子之突出"与"水"组合会"水流"之意。《诗经·大雅·常武》："如山之苞，如川之流"。

"弃"字的古文字形体演变轨迹如下：

---

① 张舜徽. 说文解字约注[M]. 武汉：华中师范大学出版社，2009：3606.

《甲典》439 → 《金》267 → 《说文》83

从古文字形体可见，"弃"字甲骨文从収，从子，从其。"其"为"箕"的本字。周代以后，其形体发生了变化，上半部分变成了倒"子"，也就是"𠫓"，下半部分变为表示双手之义的"廾"。"弃"为会意字，表示用簸箕或者双手将新生儿抛弃。《说文·华部》："捐也。从廾推𠦒弃之，从𠫓。𠫓，逆子也。"为何要"弃"子呢？这是远古时期的一种习俗。《诗经·大雅·生民》记录了周人始祖后稷的传说。传说，后稷之母姜嫄因踩了上帝的大脚趾印而有孕生子，生子之后，"诞置之隘巷，牛羊腓字之。诞置之平林，会伐平林。诞置之寒冰，鸟覆翼之。"可见，姜嫄生子后就把他"弃"了，后稷之名——"弃"也因此而来。姜嫄弃子的原因，《诗经》并未提及，但是我们稍做分析便知，姜嫄不可能因为踩了脚印就怀孕。《吕氏春秋·恃君》："昔太古尝无君矣，其民聚生群处，知母不知父，无亲戚兄弟夫妻男女之别"。母系氏族社会，孩子生下来，只知其母，不知其父，因为这种原因，可能会把孩子抛弃。"弃子"习俗也可能与远古时期物质匮乏有一定的关系，生子而不能养，所以弃之。

第二节　构件相同，意义不同

汉字的形义构件能够体现汉字的意义，但是我们也看到，有些汉字形义构件相同，其含义并不相同，如"春""泰"二字，从现在的字形看，二字都具有构件"𡗗"，实际上，这两个构件是不一样的。"春"字上部的"𡗗"是由"草""屯"演变而来的。"泰"字上部的"𡗗"是由"大""廾"演变而来的。再如："木、林、森",均为构件"木"组成,但是意义并不相同,这主要是因为构件的数量不同。那么,在构件相同的情况下,哪些因素会影响汉字的形体,进而造成汉字意义的不同呢?下面,我们主要从构件的位置、构件的方向和构件的功能这三个方面进行分析。

一、构件位置不同而造成的意义不同

所谓构件位置不同,指的是同样由甲构件和乙构件或更多构件构成的汉字,但是或甲上乙下,或甲下乙上,或甲、乙构件在中间,总之,甲、乙等构件的位置不同,因此构成了不同的字形,进而表示不同的意义。

(一)本,末,朱

"本""末""朱"这三个汉字都是由"一"和"木"这两个构件构成的。"本",金文从木,根部有一个点儿,指明所指;小篆根部加一横指明所指,《说文·木部》:"本,木下曰本。从木,一在其下。"可见,"本"本义为树根,《吕氏春秋·先己》:"是故百仞之松,本伤于下,而末槁于上"。树根是树的基础、根本,"本"又引申出"根本、根源,主要的、基础的东西"的含义,如《韩非子·内储说上》:"兵弱于外,政乱于内,此亡国之本也。"《孟子·离娄上》:"天下之本在国,国之本在家,家之本在身。"

"末",金文也从木,与"本"不同的是,"末"金文形体与小篆形体都是在"木"上加一横,指出树梢所在,因此,"末"的本义是树梢。《说文·木部》:"末,木上曰末。从木,一在其上。"《左传·昭公十一年》:"末大必折,尾大不掉,君所知也。"而后泛指物体的尖端、顶端,如《孟子·梁惠王上》:"'明足以察秋毫之末',而不见舆薪。则王许之乎?"树之"末梢",一般细小,"末"也用来表示"细小的、微不足道的事情",如《论语·子张》:"子夏之门人小子,当洒扫应对进退,则可矣,抑末也。本之则无,如之何?"

相比较"本""末"而言,"朱"字是有一定的争议的。这种分歧源于对"朱"字中间指事符号的不同阐释。对此,学界主要有以下四种观点:

1."朱"为"珠"的本字,为象形字,并非会意字。商承祚先生持这种观点,认为整个字形象贯珠之形,上下为串珠子后所系的结,同卜辞中的部分"玉"字相似。

(《新甲编》20)

2."朱"本义指称树干。此种说法的依据是,在古文字中"木"字通常以指事符号来表示所指。指事符号在"木"上为"末",为树梢之义;指事符号在"木"下为"本",为树根;指事符号在"木"中就是"朱",为树干。

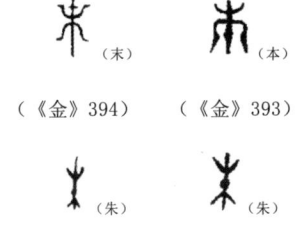

(《金》394)　　(《金》393)

(《新甲编》361)　(《金》394)

3."朱"当为"株"的本字。持此种说法的是郭沫若先生,郭氏在《金文丛考》中认为:"'朱'乃'株'之初文……金文于'木'中作圆点以示其处,乃指事字之一佳例。其作一横者乃圆点之演变。"①即"朱"之本义为露出地面的树根或者靠近根部的部分,或为树桩。《说文·木部》:"株,木根也。"徐锴《说文解

---

① 郭沫若. 金文丛考[M]. 北京:人民出版社,1954:234.

字系传》:"入土曰根,在土上者曰株。"段玉裁注:"株,今俗语云桩。"

4."朱"指红心树木。此说依照《说文》之解释,《说文·木部》:"朱,赤心木。松柏属。从木,一在其中。"此说认为,"朱"字中间一笔指明从木中间砍断,里面露出来的就是红色的树心。

以上四种解释,每种说法都貌似有理有据。纵观以上四种解释,除了第一种与树木无关,其他几种解释均与树木有关,且第二种、第三种观点大体相近,区别在于指称树干的部分略异。从"朱"的字形观察,当为"木"中间加指事符号而造,并非两头打结、中间"串珠"之形,若为"串珠"之形,中间的短横或者圆点一般应为两个以上。甲骨文"玉"字就是一串玉的形象,"玉"字的甲骨文、金文字形显示所串之玉皆为三片及以上。"朱"的"赤心木"之义,是后来引申而来的。"朱"本义当指树干,为"株"的本字,树干或树桩的中心一般为红色,特别是松柏之类,所以由树干或树桩联想到树心为红色。

"朱"字与"本""末"具有相类推的造字原理,其指事符号在树根和树枝中间的树干上,很明显是在指明此处即为树干或树桩。《六书故》曰:"朱,干也。"更为准确地说,"朱"是树干的下部——树桩。"朱"为"株"的本字。"成语故事《守株待兔》中的"株"亦是"树桩"之义。

由树干联想到树心的红色是顺理成章的,特别是古人比较看重类似松柏之类材质非常好的树木。这类红木多是纹理交错,且具有木材花纹美观的特点,材质坚硬、耐久,很受人们喜爱。因此,古人以树心或树干之色来指称颜色便不难理解了,恰似今天以"咖啡色"来指称类似咖啡的颜色一样。

"朱"属于红色系列中的一种,"赤"也同样是红色当中的一种,且有别于"朱"。"朱"为树心之色,"赤"从字形上看则是火焰之色。"朱"属于红色系列中处于中间的一种红色，为正红之色，也就是我们常说的"大红"。在古文献中，"朱"常与"赤"对举出现，《礼记·月令》："乘朱路，驾赤骝，载赤旂，衣朱衣，服赤玉""近朱者赤，近墨者黑。"以上"朱"均为大红色，"赤"为火红色。

"朱"用以指称颜色之后，便被广泛使用，表示颜色之义显现出喧宾夺主的强势。古诗文中的"朱"多表示颜色，如，《论语·阳货》："恶紫之夺朱也，恶郑声之乱雅乐也"；王维《洛阳女儿行》："画阁朱楼尽相望，红桃绿柳垂檐向。"刘禹锡《春词》："新妆宜面下朱楼，深锁春光一院愁。"杜甫《自京赴奉先县咏怀五百字》："朱门酒肉臭，路有冻死骨。""朱"在古代作为正色，被人们附加了尊贵之义，王公贵族的深宅大门皆漆成红色，"朱门酒肉臭"即真实写照。"朱"字多用来表示颜色之后，便又造了"株"来表示本义树干、树桩，因一棵树只有一个树干或树桩，因此计数树木的量词也用"株"。

（二）杲，杳，东

"杲""杳""东"这三个字都是由构件"木"和"日"组成的。

"杲"最早见于篆文，从日在木上，会"明亮"之意。《说文·木部》："杲，明也。从日在木上。"《诗经·卫风·伯兮》"其雨其雨，杲杲出日。""杳"，甲骨文和小篆都从日在木下，会"幽暗"之意。《说文·木部》："杳，冥也。从日在木下。"《楚辞·九章·涉江》："深林杳以冥冥兮，猿狖之所居。"可见，"杲""杳"二字的构件位置相反，其字义也相对，《管子·内业》："杲乎如登于天，杳乎如入于渊"。

"东"，繁体字为"東"。《说文·东部》："东，动也。从木。官溥说，从日在木中。"丁山、徐中舒二位先生认为"東"是"橐"之初文。他们认为"東"形似两头有口用绳捆束之形，本来

是"口袋"的意思,后被借来表示方向,而本义又造了一字"橐"表示。我们看一下甲骨文、金文的"东"字:

(《甲典》661)(《金》404)

从形体来看,甲骨文、金文的"东"字确实与盛东西的橐形相似,但是,在甲骨文、金文之中,"东"皆指方向。从古人的生活来看,"东"这一概念的产生理应早于"橐"这一概念。但是,最初并无表示方向"东"的形体,于是借用了该形体。至小篆,人们又赋予了该字新的造字理据,即"日在木中",这符合古人比较直观的造字逻辑,"东"表示太阳升起的方向,《诗经·邶风·日月》:"日居月诸!出自东方。"

二、构件方向不同而造成的意义不同

所谓构件方向不同,指的是同样由甲构件和乙构件或更多构件构成的汉字,或甲、乙等构件的方向不同,或甲、乙等构件组合的方向不同,因此构成了不同的字形,进而表示不同的意义。

(一)陟,降

从今天的字形看,"陟"和"降"的构件并不完全相同,"陟"是由"阝"和"步"组成的;"降"是由"阝"和"夅"构成的,但是在甲骨文和金文中,二字都是由两只脚丫和有台阶的山坡构成的,不同的是两只脚丫的方向,"陟"是脚丫朝上,向上行;"降"是脚丫朝下,向下行。"陟"和"降"的古文字形体演变轨迹如下:

降:　（《新甲编》791）→　（《金》941）→　（《说文》305）

二字形体中有台阶的山坡就是"𨸏",该字的本义虽有争议,但是从字形上看,可以断定象有阶梯或者台阶的山坡之形。这种山坡人行走起来,每一步都需要踏实用力,否则会很危险。"步"与"𨸏",今音虽不同,因"古无轻唇音",二者古音是比较接近的,二字在字义上也有渊源关系,山坡必须一步一步攀爬才行。

从上面的字形可见,"陟"字中的两只脚丫是向上攀爬的。"陟"从𨸏,从步,由"𨸏""步"两部分会意而构成,本义为从下向上走,有上升、登高之义。《说文·阜部》:"陟,登也。从𨸏,从步。"后又引申为提拔、晋升之义,《三国志·蜀书·诸葛亮传》有"陟罚臧否,不宜异同。"这里的"陟"就是晋升、提拔之义。"陟"字的形体演变轨迹非常清晰,两只脚丫成了后来的构件"步","𨸏"写作"阝"。

"降"字,其构形与"陟"的造字逻辑相同,从阜,从夅。"降"字同"陟"字一样,构形中两部分的结构在金文中是不确定的,或左或右。"降"字中,两只脚丫朝下,与"陟"字中的脚丫方向刚好相反,示下行之义。"降"字的演变轨迹也比较清晰,只是至小篆,两只脚丫出现了较大的变化。"陟"中的两只脚丫演变为"步",这亦是"步"字的演变轨迹。而"降"字的两只脚丫则演变为"夅","夅"中的"夂"和"㐄"也是各有意义的。"夂"为从后至,"㐄"从形体上看,也是由一只脚演变而来,似反"夂",《说文·夂部》:"㐄,跨步也。从反夂。"

"降"字后来有下降、下落、减退、贬低之义。"投降"的"降(xiáng)"是"降(jiàng)"字的音变,其意义也是"降(jiàng)"的引申,士兵投降之时当然会向后退、掉头然后拔腿撤离,这与

"降"字形体非常切合。

(二)从,北,化,比

"从""比""北""化"四字的古文字形体发展轨迹如下:

从: 𣪠 (《新甲编》487) → 𣪠 (《金》576) → 𠈌 (《说文》169)

比: 𣪠 (《新甲编》489) → 𣪠 (《金》578) → 𠤎𠤎 (《说文》169)

北: 𣪠 (《新甲编》490) → 𣪠 (《金》579) → 𠤎𠈌 (《说文》169)

化: 𣪠 (《新甲编》486) → 𣪠 (《金》575) → 𠤎𠈌 (《说文》168)

四字皆为"人"与"人"两个构件组成的会意字,不同的是"两人"的方向,或正相从,或反相从,或向背,或一正一倒,四字的意义也因此而相异。

"从",甲骨文形体从前后两人,会"跟随"之意。《孟子·万章上》:"昔者舜荐禹于天,十有七年,舜崩。三年之丧毕,禹避舜之子于阳城,天下之民从之,若尧崩之后不从尧之子而从舜也。"金文形体与甲骨文形体大致相同,金文还有另一形体 𣪠,在原来字形的基础上添加表义构件"辵",写作"從",以突出其"跟随"的意思。至小篆变得整齐化。

"比",甲骨文形体从比肩二人,两个人步调一致,会"并列"之意。《说文·比部》:"二人为从,反从为比。"在此基础上引申出"比较、较量",如《左传·桓公十五年》:"雍姬知之,谓其母曰:'父与夫孰亲?'其母曰:'人尽夫也,父一而已,胡可比也?'"金文、小篆形体与甲骨文形体大致相同。

"北",形如二人相背,最初为"背驰",人相背之处为脊背。后因表方向的"北"更为常用,便在北下加"月(肉)"表示背离、脊背之"背"。"北"字在甲骨文中表示方向之义较常见。如：

辛亥卜，北方其出。（《合集》32030）
贞乎牛于北。（《合集》8783）

表示背离、脊背的"北"用来表示方向有什么理据呢？中国自古至今，房子基本坐北朝南，人们坐在房中，面朝南方，前为南，后即为北也，由此表示后背的"北"便也表示方向了。

"化"，甲骨文形体、金文形体以及小篆形体大致相同，都从一正一倒二人，会"变化"之意。《汉书·高帝纪上》："吾子，白帝子也，化为蛇，当道，今者赤帝子斩之，故哭。"在"变化"的基础上，引申出"教化"之义，《说文·匕部》："化，教行也。从匕，从人，匕亦声。"

三、构件功能不同而造成的意义不同

严格来讲，这一章主要分析形义构件为汉字带来的意义信息，然而，为了更清楚地说明形义构件，我们把形义构件和示音构件进行对比。

所谓构件功能不同，指的是几个汉字都有某个构件，但这个构件在几个汉字中的功能是不一样的，因此使得这几个汉字意义产生区别。如："理"与"野"都含有构件"里"，但是"理"中的"里"是示音构件，《说文·王部》："理，治玉也。从玉，里声。""野"中的"里"是表义构件，《说文·里部》："野，郊外也。从里，予声。"

（一）闲、闭，闻

1. 闲，闭

"闲"字由"门"和"木"组成，最初跟闲暇义并没有关系。

"闲"本义为门栅栏。表示空隙、空暇义的汉字是"閒","閒"字的造字意图在字形上表现得非常明显。"閒"字,甲骨文无,金文和小篆形体如下:

（《金》769）（《说文》248）

"閒"字是由"門"和"月"组成的,并非月在门内,而是透过门能看到月亮,说明门有间隙,正如徐锴《说文解字系传》所言"夫门当夜闭,闭而见月光,是有间隙也。"由这个意思又引申出时间的间隙,也就是空闲,"閒"因此有了闲暇、有空之义。

我们顺便说一下另一个表示"间隙"的字,那就是"间"字。"间"字是由"門"和"日"两个构件组成的,两扇门里有一个太阳,这个字的意思也就可想而知了,就是门间的空隙之义,后来也引申为时间的间隙了。"閒""间"造字逻辑相同,二者是古今字关系。

"闲"和"閒"最初没有关系,各自表义明确。"闲",由"門"和"木"组成。甲骨文无,金文作：

（《金》769）

古代的门并不像现在的门,古代的门都装在石臼上,为了开门不会剐蹭到地面,因而会留有一定的空隙。古人会用一个横木把这一空隙挡起来,这个横木就叫作"闲",现在一般叫作"门槛",但有的方言仍称之为"门闲"。后来,"閒"的意义被"闲"和"间"分担,"閒"字废止不用了,空间义由"间"表示,空暇、闲暇义则由"闲"来承担。

"闭"字由"門"和"才"两个构件组成。这两个构件的功能是什么呢？"闭"字甲骨文未见，金文形体如下：

明

（《金》770）

"闭"字外面是两扇门的形状，里面是形如一横一竖组成的"十"。有人说，横表示门闩，竖表示门缝。横表示门闩，没有问题，但是竖表示门缝显然是不妥的，原因有二：第一，甲骨文、金文"门"字的门缝非常明显，不必再另加一竖表示门缝；第二，门闩为实体，门缝为虚物，用实体笔画"竖"来表示门缝显然不符合汉字的造字规律，如果是指事法造字，多用点来指事。那么，"门"字中间的东西是什么呢？其实中间的"十"是两根木棍，横的一画就是我们说的门闩，竖的一画就是顶在门后的长木棍。我们可以试想，要"闭"门如何实现呢？分三步：第一步，要把门关上；第二步就是插上门闩；最后一步就是加固门闩，也就是在门闩旁边再顶上一个木棍，下面触着地面。这样关门才显得牢固，否则别人很容易从外面撞开。直至现在不少农村地区仍采用这种"闭"门的方法。

为什么门里的"十"变成"才"了呢？甲骨文、金文"才"字不少字形作 ✦，与"闭"字甲骨文、金文字形中的"十"非常接近，因此，后人就把"闭"字里的"十"误认为"才"了，于是就把此字写作"闭"，并一直沿用至今。

以上分析可见，"闲"字与"闭"字都含有"门"这一形义构件，二字的本义皆与构件"门"有关系。

2. 闻

《说文·耳部》："闻，知闻也。从耳，门声。""闻"本义是听到声音。"闻"字的甲骨文、金文形体如下：

(《新甲编》679)　(《金》772)

可以看出,"闻"字的甲骨文像一人跪在那里,一手掩着左边的耳朵,右边还露出一只耳朵,似听的样子,所以这个字的意义就非常清楚了。至金文,该字形体发生了变化,耳朵与人体出现了分离。楷体的"闻"是从战国文字演变而来的,战国文字有 、 两个形体,均为形声字。但是,"闻"既然表示"听"的意思,为什么又表示"用鼻子嗅气味"呢?这是因为"听音"和"闻味道"这两个动作相类,只不过一个是闻声,另一个是闻味。

虽然"闲、闭"二字与"闻"字中都有构件"门",但是在"闲、闭"二字中,"门"为表义构件,所以"闲"和"闭"的本义都与"门"有关,而在"闻"字中,"门"为示音构件。

(二)胡,姑

"胡"和"姑",《说文·肉部》:"胡,牛顄垂也。从肉,古声。"《说文·女部》:"姑,夫母也。从女,古声。"可见,二字都有构件"古"。许慎认为,"胡"字和"姑"字中的"古"只是表示声音的构件,没有意义,"胡"字的意义由表义构件"肉"承担,而"姑"字的意义则由表义构件"女"承担。"胡"字中的"肉"怎么变成了"月"呢?"女"字构成的汉字很多,缘何只有"姑"表示"夫母",这与构件"古"有关系吗?

1. 胡

"胡"字中的"月"为"肉"之形变。我们先看一下甲骨文中"月"和"肉"的字形:

(月)　　(肉)

(《新甲编》411)　(《新甲编》267)

通过比对我们发现，"肉"与"月"在字形的发展上始终处在难以分清的状态中。"肉"在甲骨文初期，与"月"区别明显，形如不规则的肉块，其形体为♪、𝅘、𝄐。可是，到了周代以后，"肉"与"月"几乎很难分辨了，所以导致很多原来以"肉"为构件的汉字，现在都写作"月"，如：脸、腭、腮、脖、胸、腹、肚、肠、腔、肝、肺、肤、胆、脾、脱、豚、肯、有、臂、膊、背、腿、脚、腰、肾、胡等。值得注意的是，以上以"肉（月）"为构件的汉字，基本上"肉（月）"都是在汉字的左半部分或下半部分，只有"胡"字，构件"肉（月）"在右半部分。《说文》中共收录140个以"肉"为构件的汉字（包括"肉"字），8个以"月"为构件的汉字（包括"月"字），《现代汉语词典》（第7版）中"肉"部首下仅有7个汉字，而"月"部首下的汉字则高达240个之多，本属于"肉"部的汉字，在《现代汉语词典》（第7版）中多归入"月"部。

  先民所造之字从"肉"者多，是因为造字时，"近取诸身"，民以食为天，食物是维持生存的基本物质条件。先民食禽兽之肉，便有了膳、肴等字，与身体相关之字则更众。本来"肉"形无规则，而且与"月"字形区别明显，可是我们的祖先偏偏要在一块儿肉上加两笔，以示肉之纹路，这种现象反映了人们的造字心理。人们在造字之时取象于物，力图简洁明了，甲骨文初期"肉"字之写法非常简洁，形如一块肉，可是后来在"完形压力"①的作用之下，人们总觉得"肉"字作为一块肉之形还是缺些点缀，于是，就增加了表示"肉"之纹路的两笔，也正是这两笔使得"肉"字与"月"字"撞了衫"。

---

  ① "完形压力"是"格式塔心理学"中的一个概念，完形是格式塔心理学中最基本的观点，简单来说，就是人们在感知过程中，倾向于看整体，而不是看各个孤立的个体，如果个体不完整，人脑会倾向于把它补成一个完整的形，即完形。

"胡"字，今天我们一般用来表示"胡子、随意乱来"等义，但从其核心构件"肉"来说，它的本义是与"肉"有关系的，"胡"字的意义是怎样发展演变的呢？

"胡"字战国时的形体与小篆有别，战国时期"胡"字为上下结构，"胡"字的古文字形体如下：

（《古玺》92）（《说文》89）

"胡"字一般认为是形声字，从月，古声。《说文·肉部》："胡，牛顄垂也。"许慎认为"胡"指牛脖子下的垂肉，比较可信。"古"与"肉（月）"的组合，"肉"指出该字所表示的意义类型，"古"字与发音相关。

后来，"胡"字的意义由"牛脖子下的垂肉"扩大指称"兽类脖子下的垂肉"。《诗经·豳风·狼跋》："狼跋其胡，载疐其尾。"这里的"胡"就是狼嘴巴下的肉。这句话的大意是：狼前进就会踩着它的胡，后退就会倒在它的尾巴上。"胡"又由指称垂肉转指长着垂肉的喉咙。《类篇·肉部》："胡，颈也。"《正字通·肉部》："胡，喉也。"《聊斋志异·促织》有"视成所蓄，掩口胡卢而笑。"此"胡"即喉咙之义。现在不少方言中仍读"喉咙"为"胡咙"，河南很多方言便是。

"胡"字从指称兽类脖下的垂肉，到指称人的喉咙，再到指称人的"胡子"。胡子与脖下垂肉相类，皆是长在下巴下面的东西。"胡"字后来增加了构件"髟"，写作"鬍"，来表示胡须，以区别于"胡"字的其他意义。"髟"为会意字，《说文·髟部》："髟，长发猋猋也。从长，从彡。"现在表示胡须的"鬍"又简化为"胡"。

"胡"字还有"随意乱来"之义，"胡"字后来用于指称外族之人。外族之人面部胡须以及身体毛发较多。唐朝诗人李商隐有一首《骄儿诗》，其中就有"或谑张飞胡，或笑邓艾吃"的诗句，意思就是当时的人嘲弄张飞具有胡人的外貌特征：多胡须。至于后来的"胡说""胡来"也与"胡人"有着密切关系。"胡说"一词始于东晋，当时出现了"五胡乱华"的局面，胡人进入中原并赶走了西晋统治者。之前的封建统治者皆以封建礼法为依据按章办事，而胡人并不明白当时的礼节程序，说话无章法礼节可循，常常违背之前的办事法则，因此中原人便称之为"胡说"。此种说法当时有明显的歧视性，后来"胡说"便泛指没有根据地乱说了，不再有之前对某一固定人群的歧视之义。

2. 姑

"姑"字，《现代汉语词典》（第7版）中有姑¹和姑²之分，其对姑¹的解释为，①姑母：大～｜二～｜表～。②丈夫的姐妹：大～子｜小～子。③〈书〉丈夫的母亲：翁～。④出家修行或从事迷信职业的妇女：尼～｜三～六婆。①

"姑"字最早见于金文，其字形为：

(《金》799)

从字形可见，"姑"从女，古声。其实，"姑"字当是一个会意兼形声字，"女""古"意义相合就构成了该字的本义——夫之母。金文中的"姑"表示"夫之母"义可见于妇卣、妇姑鼎、晋姜鼎等。金文中也见"姑"为"父之姐妹"义，即姑母，见于復公子簋，

---

① 中国社会科学院语言研究所词典编辑室. 现代汉语词典（第7版）[M]. 北京：商务印书馆，2016：464.

但是此种用例较少，仅彝铭可见。《尔雅·释亲》："妇称夫之父曰舅，称夫之母曰姑。"《说文·女部》："姑，夫母也。从女，古声。""女"和"古"如何会意出"夫之母"呢？"女"为女性不必再做过多解释，关键是"古"字如何阐释。"古"字甲骨文、金文形体如下：

（《新甲编》132）　（《金》133）

"古"字是一个有争议的汉字。《说文·古部》："古，故也。从十、口。识前言者也。"许慎的意思是，"古"字由"十"和"口"会意，表示众口相传，以此记录之前的言语和故事。很多人认为，许慎之说是就"古"的小篆之形说解字义的，以此解说甲骨文、金文之"古"字则不妥。这种争议主要来自"古"字上半部分的形体差异。甲骨文和金文早期的"古"字上半部分多似"盾"形，到了金文中晚期"盾"形逐渐演变为"十"形。所以，才有了许慎"众口相传"的说解。

　　从甲骨文字形可以清晰看出，"古"字上半部分形似盾牌。甲骨文"盾"字与"古"字"口"上之形十分相近，"盾"字甲骨文形体为 。"古"字下半部分"口"为区别符号，所以"古"为指事字，"古"其实为"固"之本字。

　　后来，为了简化字形，盾牌之形便省略了，变成了近似的"十"。形体发生变化后，"古"的含义也引申为"时间久远"，金文之后，"古"字的常用含义就是"时间久远"。

　　最早见于金文的"姑"字，其意义就是比自己年长且地位比较稳固的女性。对于古代女子来说，丈夫的"母亲"就是比自己年长且在家庭中有着稳固地位的女性，所以便以"姑"称之。对于晚辈而言，"父亲的姐妹"也是长于自己的女性。

其实"姑"字不但是妻子对丈夫母亲的称谓，还是丈夫对妻子母亲的称呼。《礼记·坊记》："昏礼，婿亲迎，见于舅姑，舅姑承子以授婿。"郑玄注："舅姑，妻之父母也。妻之父为外舅，妻之母为外姑。"古人的婚姻形态经历了血族婚和族外婚两个阶段，族外婚这种婚姻关系虽说摆脱了当时的同姓通婚的情况，即同族兄妹不能通婚，但是，仍然没有回避结婚双方的血缘关系。于是，便出现了"姑"这一称谓兼有多种身份的情况。"姑"这种融合双重身份的称谓，其产生的根源在于由母系社会到父系社会的过渡。

在母系氏族社会，生活以女性为中心，男随女居，生儿育女皆从女性。当本族的男性"嫁"到其他氏族后，他所生的儿子还要回到父亲原来出生的氏族结婚，这样其妻子的母亲就是父亲之前的姐妹，因此"姑"就在母系氏族社会具有了男性的"姑姑"和"岳母"的双重身份。

到了父系氏族社会，婚姻关系变为以男性为主，子女随男性，但是婚姻关系的范围仍主要固定在两个氏族之间。父系氏族社会中的这种婚姻关系，所带来的称谓反映就是"姑姑"和"婆婆"身份的统一。同样，"公公"和"舅舅"也就成了同一个人。而对于丈夫来说，妻子的父母则为"外舅"和"外姑"，因为妻子的父母也是丈夫的舅舅和姑姑，为了做出区别就称"外舅"和"外姑"。

伴随着从母系氏族社会到父系氏族社会的变化，婚姻关系的形式本质上没有发生太大改变，同样都固定在两个氏族之间。但是，子女随父随母的变化却为称谓的融合提供了条件。以我们所讨论的"姑"而言，就具有三重身份：妻子的母亲、丈夫的母亲、父亲的姐妹。据孔祥卿考证，"妻子的母亲"这一身份随着母系氏族的没落而走向了消亡，并且在一些文献中也不见用例，比如《说文》《尔雅》《广韵》等字书均不见。①

可是，父系氏族社会遗留下来的固定两个氏族之间的互通婚姻，则逐渐演变成了后来的姑舅表亲。这种姑舅表亲在封建社会非常盛行，汉武帝的皇后陈阿娇就是他姑姑的女儿，陆游的妻子唐婉也是他舅舅的女儿。后来我们熟悉的《红楼梦》中的贾宝玉和林黛玉也是姑舅表亲，但是却以悲剧告终。

---

① 参见傅永和，李玲璞，向光忠. 汉字演变文化源流[M]. 广州：广东教育出版社，2012：893.

第五章　形体变化——汉字形义的统一

汉字产生以后，形体在不断变化，其意义也在不断变化。但是，无论形体和意义发生了怎样的变化，汉字始终在努力保持其形义的统一性。这种"保持"主要体现在以下几个方面：第一，汉字的形体被借用后，为了区分本字和借字，或者也可以说为了区分本义和假借义，人们会对本字或借字进行形体调整。第二，汉字的意义是不断发展演变的，当某一个汉字形体承担的意义过多时，人们就会在其形体上增加表义构件，分化形体，减轻这一汉字形体的负担，从而更准确地体现其所携带的意义信息。第三，汉字在发展演变中，因受当时社会文化以及汉语这种语言等因素的影响，形义关系产生疏离，人们会对汉字的形体进行改变，进而形成形义关系的新的统一。

第一节　形体借用，调整字形，分化形体

古代学者把汉字造字法归纳成六种类型：象形、指事、会意、

形声、转注、假借，称之为"六书"。但是，我们一般认为，象形、指事、会意、形声为造字法，而转注和假借是用字法。何谓假借？许慎的解释是："假借者，本无其字，依声托事，令长是也。"汉字是在图画的基础上演变而来的，最初的汉字多是描绘事物的形，但是，有些抽象事物不能用形来体现，于是我们的祖先就假借已有的音同或音近的字来表示这些抽象的事物，这就是假借字。所谓"形体借用，调整字形，分化形体"实际上包含两种情况：一种是在汉字演变的过程中，某一汉字的形体被借用，为了区分本字和借字，或者也可以说为了区分本义和假借义，而在本字上添加表义构件；另一种是对本字进行字形调整，以分化形体，明确字义。

一、来，麦

"来""麦"二字，今天看起来似乎没有任何关系，但是实际上，"来"字的本义是麦，"麦"字是"来"字被借用后，在"来"字的基础上添加表义构件"夂"形成的。

"来"字的古文字形体演变轨迹如下：

(《甲编》251) → (《金》383) → (《说文》111)

从以上字形特别是甲骨文字形可见，"来"为典型的象形字，其形恰似一株麦子：有根，有叶，有穗。甲骨文、金文中亦有突出"麦穗"之字形，金文"来"字，便是在其上部加一短笔，以突出"麦穗"。至小篆则更加线条化，根部过于宽大突出，叶子也已经不似甲骨文和金文那样逼真了。

《说文·来部》："来，周所受瑞麦来麰。一来二缝，象芒束之形。天所来也，故为行来之来。"从许氏所释可以看出，"来"即"麦子"。许慎认为"来"是上天送来的，所以又用作"往来"

之"来"。许慎所言"来"的"往来"之义的理据来源，虽说不甚可信，但表明了麦子源于外邦。

在古代文献中，我们可以见到"来"为"麦"的用例。如甲骨卜辞："辛亥卜，贞［咸］秽来"（《合集》9565）；《诗经·周颂·思文》："贻我来牟"。这两处"来"均指称麦子，"秽来"即割麦，"贻我来牟"的意思是：把麦种赐给我们，此处"来"为小麦，而"牟"为大麦。

但是，在甲骨卜辞之中"来"字已经不单纯指称"麦子"了，"来"字已有表示"返回""出""下一个"的用法。如："往来亡灾"，"来"即返回。"佳王来征人方"，"来"为出之义。卜辞"来岁"，"来"为下一个，"来岁"即下一年。原本一个"来"字专司其职表"麦"义，为什么又表示"往来"之义呢？大概就是因为当时的"麦"不是当地所产，许慎解释说是上天所赐，其实就是从别处来的。因此"来"字又承担表示"往来"之义的职责了。

"小麦"对中原地区而言是外来物种已经被考古学家所证实，直到今天我们仍没有发现黄河流域有东周以前的小麦遗存。最早的小麦遗存被发现在新疆孔雀河一带，已经有约 4000 年的历史。《穆天子传》也记载周穆王西游时得到了当时新疆和青海部落馈赠的小麦。这些都说明，小麦是从他处传入中原一带的。

从甲骨卜辞以及许慎的解释中，我们都可以看出，"来"字有相当长一段时间同时肩负着"麦"和"往来"两方面的意思，至少从商朝到汉代是这样。后来，人们发现"来"字指称两个意义容易混淆，且本表示"麦子"之义的"来"更多地被人们用为"往来"之义而且使用频繁。因此，古人就把"来"之字形借走表示"往来"之义，这样也就把"来"字的形体和意义固定了下来。

这样处理的结果是，"往来"之义和"来"这个形体之间形成了一对一的固定且明确的关系，但是，"麦子"之义由什么形体来承担呢？我们的祖先思考再三，寻找到了再造"麦"字的理据："麦子"乃从天而降，别处而来，于是便在"来"下加一构件"夂"。"夂"本义为脚，古文字形体象脚跟ㄦ朝上、脚趾朝下的一只脚之形。凡由"夂"构成之字基本都与"脚"有关，如各（本义为来到）、降（本义为从高处走下来）等。"来"下有脚正说明麦子从别处而来。"来"与"夂"两相结合便构成如今固定表示小麦的"麦"字，"麦"字古文字形体演变轨迹如下：

$$\text{来} \rightarrow \text{麦} \rightarrow \text{麦}$$
（《甲编》252）　（《金》384）　（《说文》112）

从以上字形清晰可见，"麦"字由"来"和"夂"两个部件构成，只不过形状为脚的部件——"夂"的方向有所变化，但是从甲骨文至小篆"夂"皆清晰可见。《说文·麦部》："麦，芒谷，秋穜厚薶，故谓之麦。……从来，有穗者；从夂。"《诗经·鄘风·载驰》："芃芃其麦。"《诗经·鄘风·桑中》："爰采麦矣？沬之北矣。"

"来"字本义表示小麦，为象形字，根、叶、穗皆可见。后来，"来"因有从他处而来之义，便用来表示"往来"，如此，"来"这一字形便对应"麦"和"往来"两个意义。一个字形承担两个意义，容易造成混淆，又因"来"的往来之义使用频繁，故"来"这一字形被固定表示"往来"之义。"麦子"之义的字形缺失，先人便结合"来"字和麦的特点（外来之物）另造一字，即"麦"，新造"麦"字由构件"来"和"夂"组合而成，以麦子之形"来"和脚之形"夂"组合指称"麦子"，一方面说明该事物的外在物象，另一方面表明其来源。"来""麦"二字的形体和意义演变再一次证明了汉字的形体可供分析，汉字的意义往往在形体上有所体现。

二、丑，扭

提到"丑"字，我们就会想到"丑陋""难看"。其实，"丑"字最初和"丑陋""难看"并无关联。

"丑"字的繁体字是"醜"，但是两者最初是毫不相干的两个字。"醜"字的甲骨文形体为，是一个会意兼形声字，字形的左半部分为"酉"，右半部分为"鬼"，会"酒鬼丑陋"之意。《说文·鬼部》："醜，可恶也。"所释为引申义。由"丑陋"之本义引申为"可恶"。后来，在汉字简化时，因"丑""醜"读音相同，"醜"便简化为"丑"字了。

甲骨文中的"丑"字如下，是个象形字，形如一只钩着手指的右手，因此"丑"字的本义为扭。作为构件"丑"常与"又"形同。

(《新甲编》825)

"丑"字本义为扭，我们可以以"羞"字为证。"羞"，甲骨文、金文形体皆由构件"羊""又"构成，至汉代构件"又"变为"丑"，构件"又""丑"均为"扭"义，"羞"字就是"扭"着一只羊。古时常用羊祭祀，"扭"着一只羊去祭祀，把羊进献给祖先，因此"羞"字的本义是进献，《说文·丑部》："羞，进献也。从羊，羊，所进也；从丑，丑亦声。"后来该字形被其引申义"感到耻辱、难为情"占用，"进献"之义不得不另谋形体，人们便在"羞"字的基础上增加表义构件"食"，另造"饈"字，后简化为"馐"字。

后来，"丑"字假借为地支用字，人们就在"丑"上添加表义构件"扌"，"从手，从丑"会"揪扭"之意，"丑"也兼表声。

"扭"字，《说文》未收录，可见其产生较晚，《正字通·手部》："手缚也。……今俗谓揪为扭。"较之"丑"字，"扭"字形体强化了其与意义之间的联系。

三、而，耏

"而"，在现代汉语中是一个具有书面语色彩的连词，连接动词、形容词或词组、分句等，表示并列、承接、递进、转折、因果、目的等关系。但是，"而"字的本义与以上意义均无关。

"而"字甲骨文字形如下：

（《甲编》930）

甲骨文"而"字似男性的颊毛，脸颊与颊毛清晰可见。颊，为脸的两侧从眼到下颌的部分。由此我们可知"而"为典型的象形字，甲骨文字形分为上下两部分，上部分为脸颊，下部分为颊毛，即胡须。下垂胡须的数量从三根至五根不等。《说文·而部》："而，颊毛也。象毛之形。"许氏对"而"字本义的解释非常准确。随着字形的不断演变发展，"而"字至西周金文字形发生了变化，形似脸颊的部分与颊毛分离开来了，表示脸颊的一横更加平直化，脸颊与毛发之间的联系也变成了一竖，颊毛变得更加圆滑趋于笔画化、符号化，基本上失去了原来毛发卷曲的特征。

金文"而"字形体如下：

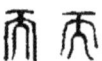

（《金》668）

虽然金文"而"字的象形化程度较低，但是从大致的轮廓中仍能看出颊毛的特征，形似下巴胡须和两腮胡须。至战国时期，"而"

字形体又发生了变化,其上部增加了一笔,这一笔为装饰性笔画,并无构形意义。这样改变以后,"而"的字形与甲骨文、金文中部分"天"字的字形极为相近。为了进行区分,战国文字的"而"下部笔画书写时常带内钩,如 。秦汉之"而"字,笔画开始趋于平直,其形体渐与楷书形体趋同。

"而"字本义为颊毛,已为大家所公认,后来意义扩展到指称毛发之类的东西。《周礼·冬官考工记·梓人》:"必深其爪,出其目,作其鳞之而。"郑玄注:"之而,颊颔也。"戴震补注:"颊侧上出者曰之,下垂者曰而,须鬣属也。"

后来,"而"字被借用为第二人称代词,又被借用为连词,表示并列、承接、递进、转折、因果、目的等关系,人们便在"而"字的基础上增加了形义构件"彡"(毛发之义)另造"耏"字表示本义。《玉篇·彡部》:"耏,颊须也。"《后汉书·章帝纪》:"沙漠之北,葱岭之西,冒耏之类,跋涉悬度。"李贤注:"《字书》曰:'耏,多须貌,音而。'言须鬓多,蒙冒其面。或曰,西域人多著冒而长,故举以为言也。"但今已不用"耏"表示颊毛,代之以"须"字了。

四、亦,腋

"亦"是个指事字,甲骨文形体象正立之人形,左边和右边的两点起指事作用,点明两腋所在。"亦"字的本义为腋窝。"亦"字的古文字形体发展轨迹如下:

（《新甲编》603） → （《金》697） → （《说文》213）

"亦"字形体从甲骨文、金文至小篆,基本没有太大的变化。《说文·亦部》:"亦,人之臂亦也。从大,象两亦之形。"后来,"亦"字被假借为表示"又、也、假如"等意义的虚词,《集韵·昔韵》:

"亦，一曰又也。"《左传·文公七年》："先君何罪？其嗣亦何罪？"这里，"亦"为副词，表示"又"的意思。《尚书·康诰》："怨不在大，亦不在小"。《孟子·告子上》："鱼我所欲也，熊掌亦我所欲也"。这两例中，"亦"也为副词，表示"也"的意思。《诗经·小雅·雨无正》："云不可使，得罪于天子。亦云可使，怨及朋友。"《孟子·万章下》："献子之与此五人者友也，无献子之家者也。此五人者亦有献子之家，则不与之友矣。"这两个例子中的"亦"为表示假设关系的连词。"亦"字的假借义越用越普遍，为了将本义与假借义区别开来，人们对其重新构形，另造"腋"字，"腋"字从月（肉），夜声，"月（肉）"表明其意义所属。《玉篇·肉部》："腋，肘腋也。"

五、七，切

"七"，现在我们用来表示数字，实际上，"七"是"切"的初文。"七"字古文字形体演变轨迹如下：

十 →（《新甲编》800）　十 →（《金》949）　㓛（《说文》307）

从形体看，"七"字甲骨文、金文形体似现在的"十"字，与甲骨文、金文"十"字形体则相差较远。"十"字形体演变轨迹如下：

丨 →（《新甲编》132）　丨 →（《金》134）　十（《说文》50）

通过对比可见，二者在甲骨文和金文中的区别还是很明显的。甲骨文、金文"七"字都是由一横画和一竖画构成的，横画长，竖画短，小篆竖画的下边出现了弯曲，至隶书竖画最终演变成竖弯钩。"十"字是由一横画和一点构成的，后来"十"字中间的一点渐变为短横，因此造成了二者形体上的接近。"七"字是个指事字，是在一根木棍状的物体上加一长横，长横指明棍状物体在此被切断，因此，"七"为"切"字的本字，本义为切断。丁山先生认为："七古作通'╋'者，刌物为二，自中切断之象也……考其初形，则七即切字。"①自甲骨文开始，"七"就被借为数字，其本义则很少被使用。后来，人们为了区别，便在"七"上添加表义构件"刀"，造出"切"字，以表示"切断"之义。《说文·刀部》："切，刌也。从刀，七声。"

在数字中，除了一、二、三为典型的指事字外，很多数字都涉及形体借用、形体调整的问题，如"六"和"庐"，"六"字古文字字形演变轨迹如下：

（《新甲编》800） → （《金》948） → （《说文》307）

从甲骨文、金文字形可见，"六"字形体似简易的房屋，"六"字实为"庐"之初文，"六"与"庐"古音相近。"六"被假借为数字后，人们另造"庐"字以示区别。

第二节　意义增加，添加构件，分化形体

一、益，溢

"益"，本义是水或其他液体满而溢出，后来又引申为增加、好处、更加等意义，如益寿延年、裨益、多多益善等。为了分化字形，增强表意性，我们的祖先就在"益"字上添加表义构件"氵"，新造"溢"字，使其承担"水或其他液体满而溢出"的意义。

"益"字的古文字形体演变轨迹如下：

---

① 李圃. 古文字诂林（第十册）[M]. 上海：上海教育出版社，2004：887.

(《新甲编》309） (《金》344） (《说文》104）

"益"字的形体，从甲骨文、金文到小篆一脉相承，都是上"水"下"皿"的构形。甲骨文"益"的构件"水"是正常形体，与独体"水"字形保持一致。金文"益"字上部构件"水"出现了较大变化，上部似"八"，下部则变成了"血"字的形体。很多学者认为这种变化很不合理，是一种讹变，其实这种字形也是符合逻辑的。器皿中溢出的液体，不光是水，也可能是血液，古代祭祀用器皿盛血液也是很常见的。《周礼·春官宗伯·大宗伯》记载："以血祭祭社稷、五祀、五岳"。小篆"益"字上半部"水"不再是竖立之形，而是横向放置的"水"。若按照形体发展的一般轨迹，"益"字小篆应该是如下形体：

（构件不发生方向调整的"益"）

但是，上图的构形看起来显然有些别扭，或者说与方块字的匀称比例不大匹配。于是，古人在追求完美构型的心理作用下，把"皿"上半部分的"水"做了恰如其分的处理——"水"倒放，就成了现在的"益"字。"益"字上半部分的"水"倒放后，我们很难看出"益"字与水有关。

（小篆"益"）

"益"字的本义是器皿中的液体太多而漫出，由此便引申出增加、好处、更加之义。在发展的过程中，"益"字的引申义比本义更为常用，再者"益"字后来的形体也很难体现其本义，我们的祖先就在原字的基础上增加了构件"氵"，造出"溢"字，以表本义。相比较"益"字,"溢"字添加的"氵"构件,更加明确其意义所指:与液体有关。

二、丽,俪

"丽",繁体字为"麗",从其繁体字的字形我们可以看出,"丽"字与鹿有关。甲骨文、金文"丽"字形体如下:

(《类编》204)(《金》680)

徐中舒《甲骨文字典》中有作形,此形由双耒和双犬构成,为成双成对之义。徐中舒先生指出:"从二耒象并耕之形,古代偶耕,故丽有耦意;从二犬相附亦会偶意。"①战国以前,因为生产工具和生产技术比较落后,耕作时需要两人协作,故称为"偶耕"。"丽"字甲骨文形体由一头鹿和两个对称之物构成,有的学者认为这两个对称之物是"鹿角",但是我们认为,这"两个对称之物"其实是告诉我们,鹿的数量是两只。我们把"丽"字的形体和"鹿"字的形体放在一起进行对比,如下所示:

(丽)　　(鹿)

(《类编》204)(《新甲编》567)

从形体中,我们就可以看出,"丽"字下半部分已经是一只完整的鹿,包括腿、身、颈、头和两只角,且"丽"字上半部分"两个对称之物"是与鹿分开的,所以"丽"字中鹿上"两个对称之物"并非两只角。"丽"字字形所传达之义为成对的鹿。《说文·鹿部》:"丽,旅行也。鹿之性,见食急则必旅行。从鹿,丽声。"王筠《说

---

① 徐中舒. 甲骨文字典[M]. 成都:四川辞书出版社,1989:1084.

文句读》:"旅,俗作侣。"李孝定《甲骨文字集释》:"窃谓丽之本义训两训耦,丽字从鹿,当为鹿之旅行之专字。"①也就是说,"丽"字的本义为两鹿结伴而行,而后亦可指人结伴而行,张衡《西京赋》:"若其五县游丽辩论之士,街谈巷议,弹射臧否"。

由"两鹿结伴而行"引申为成双、成对之义。《小尔雅·广言》:"丽,两也。"《周礼·夏官司马·校人》:"丽马一圉,八丽一师"。郑玄注:"丽,耦也。"又由"两鹿并行"引申为美好、漂亮、华美之义。《广雅·释诂一》:"丽,好也。"

"伉俪"之"俪"是在"丽"字上增加表义构件"亻"产生的,用来分担"丽"字"成双成对"之义。所以,"俪"有二义:一是表示成双成对的,如俪皮,俪辞;二是特指成双成对的人,即夫妇。"伉俪"之"俪"即指夫妇。"伉"为对等、匹敌之义,《榖梁传·桓公九年》有云:"使世子伉诸侯之礼而来朝"。这里的"伉"就是对等匹敌之义。

三、寺,持,侍

提到"寺",我们便会想到"寺庙",但是我们的祖先当初所造"寺"字与现今"寺庙"之义相差较远,可以说"寺"字是几经辗转才蜕变成如今的身份。

《说文·寸部》:"寺,廷也。有法度者也。从寸,之声。"段玉裁注:"《汉书》注曰:'凡府庭所在皆谓之寺。'《释名》:'寺,嗣也,治事者相嗣续于其内。'《广韵》:'寺者,司也。官之所止,有九寺。'按:经典假寺为侍。"

许慎认为"寺"最初当指"廷",为执行法度之地——朝廷、官府等,许氏所释并非"寺"的本义,其说解依据的是小篆字形。

---

① 李孝定. 甲骨文字集释[M]. 台北:台湾"中研院"历史语言研究所,1970:3069.

段玉裁认为"寺"为"侍"之义为假借，此观点亦不妥，段氏所言假借把引申义也涵盖进去了。"侍"是"寺"的引申义，后加构件"亻"以示区别。"寺"字，金文从又（手），从之，至小篆从寸，从之；后又隶变，上变为"土"，"寺"字本义当为持，"手之所之"，与字形相符。"寺"字古文字形体如下：

（《金》208）（《说文》67）

从字形可见，金文"寺"从又（手），从之，至小篆下半部分变为从寸。篆文中"又""寸"互通并不鲜见，如"封"字金文形体的右半部分亦可为"又"。从甲骨文、金文字形来说，"寺"字释为"手之所之为持"比较妥当，更直白地说，其本义为拿着，握着，即"持"。林义光《文源》中说："'寺'从又，从之。本义为持。"林氏又认为："又，象手形，手之所之为持也。之亦声。《郘公牼钟》'分器是持'，《石鼓》'秀弓持射'，持皆作寺。"[①]

"寺"字由动词"持、操持"之义引申为一类人，这类人操持着国君的日常事务，服侍国君或者按国君的吩咐办事，这类人被称为"寺人"。《诗经·秦风·车邻》："有车邻邻，有马白颠。未见君子，寺人之令。"毛亨传："寺人，内小臣也。"郑玄笺："欲见国君者，必先令寺人使传告之。时秦仲又始有此臣。"《诗经·小雅·巷伯》："寺人孟子，作为此诗。"《左传·襄公二十六年》："寺人惠墙伊戾为大子内师而无宠。"当时也有单独用"寺"的情况。《诗经·大雅·瞻卬》："妇有长舌，维厉之阶。乱匪降自天，生自妇人。匪教匪诲，时维妇寺。""寺人"具体干什么呢？《周礼·天官冢宰·寺人》载："寺人掌王之内人及女宫

---

① 林义光. 文源[M]. 上海：中西书局，2012：330.

之戒令，相道其出入之事而纠之。若有丧纪、宾客、祭祀之事，则帅女宫而致于有司，佐世妇治礼事。掌内人之禁令，凡内人吊临于外，则帅而往，立于其前而诏相之。"可见，"寺人"就是在国君身边料理日常杂事之人，所管理的事务繁杂琐碎，因活动范围在朝廷之内，因此也被称为"内小臣"。其官职不算大，但是是国君身旁必不可少的近侍之臣。"寺人"所管的事务既包括"内人""女宫"的戒律、禁令等法令类的制定，也包括丧礼、祭礼和迎宾之类的迎来送往之事，其繁忙程度可想而知，操持之事可谓琐碎繁杂。"寺人"所做之事也恰好体现"寺"之"持"的本义。

顾炎武《日知录》卷二十八："三代以上，凡言寺者，皆奄（阉）竖之名。"又曰："自秦以宦者任外廷之职，而官舍通谓之寺。"从顾炎武的记载可见，"寺人"多数为阉人。后来，正如顾炎武所言"官舍通谓之寺"，"小寺"办公的处所便也称为"寺"，后又指称官署之名。秦代中枢长官中的御史大夫的办公机构就称为"寺"，汉代的"九卿"，其办公机构均称为"寺"。而最能反映"寺"和"侍"关系的机构名称，则是东汉时所设立的"侍中寺"，这一处所就是宫内侍从办公之地。

"寺"表示"寺庙"之义，产生于东汉。东汉之时，明帝派人到天竺求佛法，求佛法之人以白马驮佛经从西域归来之后就临时住在了鸿胪寺。但是，鸿胪寺并不是专门为僧人们所使用的，而是办公之地，于是皇帝又专门为那些僧人建造了僧院。僧院的命名糅合了白马驮经和鸿胪寺之义，称为"白马寺"。"白马寺"的名称产生后，"寺"便成了佛教建筑的通称。随着佛教的不断盛行，寺庙就如雨后春笋般越来越多，而以"寺"命名之庙宇更为普遍。杜牧的"南朝四百八十寺，多少楼台烟雨中"就描绘了寺庙之多。北齐最有名的是"相国寺"，占地达500余亩，为皇家寺院。

综上所述,"寺"字在演变的过程中,引申出很多意义,"寺"这一形体"身兼数职",为了减轻其负担,人们便在"寺"字上加构件"扌",造出"持"字,以表示"寺"之本义,"扌"强化了"持"与"手"有关的意义信息。《礼记·射义》中已见"持弓矢审固",说明汉代以前"持"字已经产生。"侍"字表示的是"寺"的"侍候"之义,"寺人"所从事之事,一句话概括,就是侍候在位者或他人,因此"寺"有"侍候人、侍奉人"之义便不难理解了。在"寺"字形体上添加表义构件"亻"构成的"侍"字,在《孝经》中已经出现"仲尼居,曾子侍"。

四、景,影

"影"字产生较晚,《说文》没有收录"影"字。"影"字是晋代葛洪在"景"字上加构件"彡"而新造的,"彡"为影子的描画,使得"影"字的意义更加显明。关于这一点,颜之推在《颜氏家训》中有过解释,"《尚书》曰:'惟影响。'《周礼》云:'土圭测影,影朝影夕。'《孟子》曰:'图影失形。'《庄子》云:'罔两问影。'如此等字,皆当为'光景'之'景'。凡阴景者,因光而生,故即谓为景。《淮南子》呼为'景柱',《广雅》云:'晷柱挂景。'并是也。至晋世葛洪《字苑》,旁始加'彡',音于景反。"那么最初汉字中没有表示"影子""阴影"意义的字吗?当然不是,"景"就是"影"的本字。

《说文·日部》:"景,光也。从日,京声。""景"的本义就是光。左思的《咏史》诗中有"皓天舒白日,灵景耀神州"的诗句,这里的"灵景"就是日光。王维《鹿柴》"返景入深林,复照青苔上",这里的"景"也是日光。其实,构件"京"在"景"字中也有表义的功能。"日"构件指出的意义是日光,而"京"构件则表示高台建筑。"京"字甲骨文、金文形体如下：

（《新甲编》338）（《金》376）

"京"字是指积土形成的高台，高台上又有高大的建筑。因"京"为高大建筑，所以"京"字便有了高义，关于"京"字，第六章还会详细分析。"京"与"日"的意义组合起来，成为"景"义，即高照的日光。简单的常识告诉我们，高处当然光线好，"景"字便由日光引申出了明亮之义。又因高处阳光充足，视野极好，有"一览众山小"的感觉，"景"就又有了风光之义，也因而产生了"风景""美景"等词。

"景"字表示阴影之义如何来的呢？这个更容易理解，有光就有影，光线投照在高大建筑上，必定会被遮挡，遮挡后就形成影。《集韵·梗韵》："景，物之阴影也。"在很多古代文献和典籍中，"景"字都表示"影"义。《诗经·大雅·公刘》："笃公刘，既溥既长，既景乃冈，相其阴阳，观其流泉。""既景乃冈"中的"景"就是指日影，"既景乃冈"的大意为：为了测日影定方向而登上高岗。《周礼·地官司徒·大司徒》有："以土圭之法测土深，正日景"。这里的"日景"也就是"日影"。

"景"字在使用过程中显然负担较重，古人就通过添加构件"彡"以表示影子，非常形象又易于同"景"字相区别，可谓一举多得。

五、新，薪

"新"，今天我们一般用来表示与"旧"相反的意义。实际上，新旧之"新"是"新"的引申义，"新"字的本义与"斤""木"有关。"新"字的甲骨文、金文形体如下：

（《新甲编》780）（《金》927）

从字形可见，甲骨文"新"字是由两部分构成：辛和斤，左边是辛，右边是斤，辛表音，斤表示意义。后来"新"字为了进一步增强表意性，又增加了构件"木"，从斤，从木，辛声，"新"字的本义由此可见：以斤（斧）劈薪，"新"字当是"薪"的初文。其实，甲骨文中"新"字已经有两种形体：从斤，辛声和从斤，从木，辛声，金文、春秋战国文字乃至秦汉文字都是如此。《说文·斤部》："新，取木也。"马王堆汉墓帛书《十六经·顺道》："百姓斩木艾新而各取富焉。"其中的"新"即表示本义"薪"。

段玉裁注"新"字，曰："取木者，新之本义，引申之为凡始基之称。《采苢》传曰：'田一岁曰菑，二岁曰新田。'其一耑也。"徐灏《说文解字注笺》："斫木见白新也。凡物之易于更新者莫如木，故取义焉，因之伐木谓之新，后又加艸为薪。"张舜徽在其《说文解字约注》中指出："以斧析木，而鲜白之色见矣，此新旧之义所从出也。自后世以薪代新，遂专用为新旧义矣。"[①]可见新旧之"新"义之由来当为引申，伐木之时见"鲜白"，由"鲜白"引申出刚出现之义，即"新旧"中"新"的意思，后来"新旧"之"新"义更常用，便又造"薪"字表示本义。杨琳先生对"新"字有着非常详细的阐述，引用文献详实，比较可信。

除了形体借用和意义引申之外，汉字的意义分化也会造成汉字形体的改变。这种情况指的是某一形体最初承担了两个意义，后又在此形体的基础上添加构件，造出新的汉字，新字和原来的字形分别承担一个意义，进而使各自的表意性更加明确，如：丰

---

① 张舜徽. 说文解字约注[M]. 武汉：华中师范大学出版社，2009：3487.

和封。

"丰"字,是一个象形字,其字形演变轨迹如下:

（《新甲编》383） → （《金》422） → （《说文》127）

从字形看,"丰"字的形体简约明确。甲骨文"丰"字,似一棵树根植于一堆土上,且树木枝叶繁盛。金文基本与甲骨文保持了相同的形体,只不过下部分土堆之形不甚明了。小篆"丰"字,下部形似土堆的部分变为了一横,这种变化是为了书写之便。

"丰"字是土堆上种植一棵树,那么古人的造字意图是什么呢?仅仅是想说一棵根植于土堆上的树?显然不是那么简单,这只是该字构形的一个表象。"丰"为"封"的本字,甲骨文中"丰"常表"封"义,植树于土堆上,通过这种方式来确定地界、疆界。《周礼·地官司徒·封人》载:"封人,掌设王之社壝,为畿封而树之。"郭沫若也认为:"太古之民多利用自然林木以为族与族间之畛域,西方学者所称为境界林者是也……'丰'即以林木为界之象形。"[①]由此可知,古王畿周围或族与族之间要植树作为疆界。其实,如今很多农村的田地边界仍有以植树作标识的。

为何"丰"字又滋生出"封"字了呢?这就涉及字形和字义之间的对应性。"丰"这一形体传达出了两个意义信息:一是以土堆之上的树木为意义描述点,表示茂盛之义。作为地界标识的树木必然会精心培育,使其根深蒂固、枝繁叶茂,从而作为明显且长久的地域、疆界标志。后来也指称人体态丰满,如《诗经·郑风·丰》:"子之丰兮,俟我乎巷兮"。"丰"即"丰满"之义。另一个意思就是表示植树之目的,即分界,后来又引申为帝王把土地按照爵位分给诸侯之义。所以,"丰"字就分化出了表示茂盛

---

① 于省吾. 甲骨文字诂林[M]. 北京:中华书局,1996:1328.

义的"丰"和表示"分界"之"封"。分化出来的"封"字，其金文形体如下：

（《金》885）

从形体看，分化出的金文"封"形如植树于土堆上，右部有手形或人形，以示人植种树木。至小篆，"封"字左上部树木之形讹变为了"之"，形体为𡊵，隶书左上部则变为了"土"，就有了现在的"封"字形体。

较之形体借用和意义引申引起汉字形体变化，汉字意义分化造成汉字形体改变的情况在早期汉字演变中比较少见，因为先民在造字之初，力求准确，所以尽量追求一字一义，一字多义现象是在字、词发展的过程中逐渐产生的。

第三节　形义疏离，改变字形，统一形义

一、射

据说，武则天曾对"射"字和"矮"字的形体发表过一番高论："射"字由"寸""身"构成，身高仅仅寸长，应该表示"矮"；而"矮"字，则是由"矢""委"构成，"矢"为箭，"委"表示屈身发射，故"矮"字应表示"射"义。所以，"射"字和"矮"字的形体应该对换一下。武则天在分析"矮""射"二字形体和意义关系时，忽略了一点：对汉字的阐释，应考虑当时的社会文化。

"射"字甲骨文、金文形体如下：

(《新甲编》333)　(《金》370)

甲骨文"射"字就是搭弓射箭之形，为合体象形字；金文与甲骨文略有小异，金文字形在右半部分多了表示手的"又"构件，拉弓射箭之义非常明显，为会意字。可是，到了小篆"弓""箭""又"都不见了，被"身"和"寸"代替。很多人认为，这是汉字形体的讹变，古文字中"弓"和"身"形似，"又"与"寸"形似，因此"弓"变成了"身"，"又"变成了"寸"。当然，这不是完全的讹变，因为"又""寸"都与"手"有关。这种分析也没有真正考虑到汉字形体与意义之间的关系。

我们认为，"射"字之所以变成左"身"右"寸"的结构，是汉字形义关系的重新统一。"射"的本义确为射箭，但是后来"射"成为"六艺"之一，《周礼·地官司徒·保氏》："保氏，掌谏王恶。而养国子以道，乃教之六艺：一曰五礼，二曰六乐，三曰五射，四曰五驭，五曰六书，六曰九数"。也就是说，"射"是周朝官学要求学生掌握的六种基本才能，在中国古代被视为一种礼仪，一种立身之法则。所以，"身"和"寸"的重新组合，正体现了"射"字"立身法则"之义，因为"寸"可以表示法度、法则。王宁先生在其《汉字构形学讲座》一书中对"射"字形体和意义之间的关系，进行过精辟的分析："'射'金文作'🏹'，像一只手持弓箭，是合体象形字，小篆作'射'，弓形变成'身'，箭形变成了义化构件'矢'，会以身体射箭的意思。又作'射'，把表示手的'又'变成了'寸'，在小篆里，凡是具有法度意义的行为，字从'又'的都变'寸'，射箭与礼仪规范有关，所以'又'变

'寸'。"①

如果武则天对"射"字的分析没有考虑汉字形体演变的话,那么对"矮"字的分析则是没有理解其构件的真正含义。"矮"字左半部分的"矢"确实是箭,但是是表示身高的,不是用来射的,古人常用箭作为丈量长短的工具。右半部分的"委"在"矮"字中充当示音构件,不过现在"委"与"矮"的普通话读音已经相去甚远了。

二、辜

"辜"字的本义为重罪,《说文·辛部》:"辜,辠也。从辛,古声。"段玉裁注:"辜本非常重罪,引申之,凡有罪皆曰辜。"其实,"辜"字为后起形声字,古文"辜"最早见于战国时期,形体如下:

(《金》975)

可见,表示"重罪"之义的"辜"最初从死,古声,许慎也说"古文辜从死。"到了小篆,"辜"字才从辛,古声。"辜"字小篆形体如下:

(《说文》309)

"辜"字形体的改变是人们根据"辜"字意义的演变而重新进行的构形。" "本义为重罪,《周礼·秋官司寇·掌戮》:"凡杀其亲者,焚之。杀王之亲者,辜之。"郑玄注:"辜之言枯

---

① 王宁. 汉字构形学讲座[M]. 上海:上海教育出版社,2002:29.

也，谓磔之。""焚"就是"烧"，那么"磔"是什么等级的刑罚呢？《说文·桀部》："磔，辜也。"段玉裁注："凡言磔者，开也，张也，剔其胃腹而张之，令其干枯不收。"《字汇·石部》："磔，裂也。"《荀子·宥坐》："女以谏者为必用邪？吴子胥不磔姑苏东门外乎！"杨倞注："磔，车裂也。"《汉书·景帝纪》："改磔曰弃市"。颜师古注："磔谓张其尸也。""磔"即为车裂，是古代的一种分裂肢体的酷刑。张全民先生对《周礼》中的刑法进行了详细的研究，他指出，同样是死刑，《周礼》中也有轻重之分："'焚''辜'皆为生焚、活辜，或为焚烧其身而死，或为分裂肢体而杀之。毫无疑问，对于杀害五服之内的亲属与周王亲属的重罪犯所科处的'焚''辜'之刑，要远远重于惩处一般杀人犯的'踣诸市，肆之三日'。"[①]由此可见，"辜"这种刑罚当属于死刑中最严重的。因而，表示"重罪"的"辜"从死就理所当然了。

"辜"字的意义发生变化，在"重罪"的基础上，变为一般的"罪"，即段玉裁所说的"凡有罪皆曰辜"。《尚书·大禹谟》"与其杀不辜，宁失不经。"大意是：与其错杀无罪的人，宁可犯执法失误的过失。"辜"从"重罪"之义演变为泛指"罪"，其形体也发生了改变，由"从死"变为"从辛"，前面我们已经分析过，"辛"本为施黥刑的工具，后来演变为"罪"义，从"辛"的汉字都与罪、刑法有一定的关系，如皋（本义为割鼻子的刑罚）、辞（本义是诉讼）等。"辜"字由"从死"变为"从辛"，可以说，是意义变化的推动和促使。

---

① 张全民．《周礼》所见法制研究（刑法篇）[M]．北京：法律出版社，2004：123．

三、皇

现代汉语中，"皇"可以组成皇朝、皇帝、皇宫、皇冠、皇后、皇储、皇家、皇亲、皇权、皇上、皇室、皇位、皇子、皇族等词，在这些词中，"皇"均表示"君主、帝王"之义。从"皇"字的现在形体看，上白下王，尤其是构件"王"的意义，和"皇"有密切的关系。实际上，"皇"字是变化后的字形。

"皇"字古文字形体如下：

👑 →（《新甲编》20）堂（《金》21）→皇（《说文》10）

"皇"字，为象形字，甲骨文象火焰升腾之形，"皇"的本义是灯火辉煌。在此基础上引申出"大"义，《尚书·洪范》："建用皇极"，孔安国传曰："皇，大。"《说文·人部》："大，天大，地大，人亦大。"由此"皇"又可以指"天"，《正字通·白部》："天曰皇天。"古代天人合一，"皇"既然指天，当然也可以指人间的君主，《尔雅·释诂第一》："皇，君也。"我们称伏羲氏、燧人氏、神农氏为三皇，即为此义。"皇"字形体承担的意义越来越多，于是人们另造"煌"表示其本义，《诗经·小雅·采芑》："服其命服，朱芾斯皇"。毛亨传："皇，犹煌煌也。"这即我们前面提到的"意义增加，添加构件，分化形体"。

"皇"字甲骨文形体或有添加"王"构件者，"王"在此既有示音功能也有表义功能。金文形体继承甲骨文的第二种形体，把"王"构件的竖笔与"👑"下部的竖笔连为一体，形体演变为堂。至战国文字，又将"王"构件独立出来，形体演变为皇。小篆上部写为自，汉代又写为"白"。《说文·王部》："皇，大也。从自。自，始也。始皇者，三皇，大君也。自，读若鼻，今俗以始生子为鼻子。"

许慎之说解是依照"皇"字的小篆形体和当时的意义，其实这正是意义变化后字形变化的表现。"皇"从"灯火辉煌"义发展到"大""天""君主"义，在此过程中把构件"王"融入构形，然后又独立出来，皆是对意义变化而做出的调整和重新布置。

四、望

"望"字的形体演变轨迹如下：

（《甲典》928） （《甲典》928） → （《金》581） （《金》581） → （《说文》267）

从甲骨文形体看，"望"字最初就有两种构形，两种形体均突出"人"和"目"，"望"就要向远处观看，突出人之眼睛正是告诉人们向远处观看这一动作。第二个甲骨文形体中，不但突出了"目"，还增加了另一构形部件，即 （土），以表示人站在土堆上向远处观看的情形。两种形体的细微差别，正反映了甲骨文采用与物象相似构件的构形特点，从不同的视角观察事物就会给汉字构形造成差异。随着"望"字意义的不断发展，其意义融入了一些文化或某种象征因素，人们的"望"不再是单纯地向远处观看，而一般是赏月，或是登高望月寄托思念之情。于是，这种意义的变化促使构形上出现了调整，构件"月"加入了构形，金文即形成了新的字形 ，为了展示形体的读音，有的形体增加了构件"亡"，起到了示音功能，形体为 。当然，在演变中"望"字的形体也出现了其他难以从造字逻辑上来解释的变化，人站在土堆上的物象先演变为"壬"，后来又演变为"王"，这是形近构件的互用造成的。

"望"字与"月"的关联体现在两个方面：一是"望"被用为月相名，《师虎簋》："隹元年六月既望甲戌。"《释名·释天》："望，月满之名也。月大十六日，小十五日，日在东，月在西，遥相望也。"二是"望月"在中国文学作品中成为永恒的话题，比如"海上生明月，天涯共此时""举头望明月，低头思故乡""今夜月明人尽望，不知秋思落谁家"等。

除以上三种情况而外，还存在另外一种广义上的字形变化，这种变化与字义的分化或汉字的所指改变有关。比如，"令""命"形体的分工与"頭"字的产生。

"命"与"令"本是一字，甲骨文、金文、小篆形体如下：

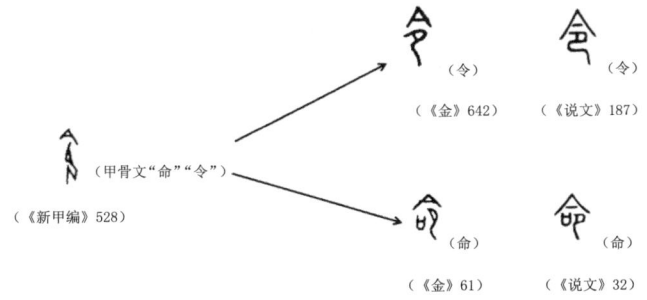

甲骨文"命""令"为同一字形，至金文才有二形，"命"增加构件"口"。甲骨文中的形体为"令"字，从亼，从卪，"亼"为古"集"字，这里是汇集之义，而卪则似跪跽听命之人，上下两部分合起来，会"汇集众人以发布命令"之意。《说文•卪部》："令，发号也。从亼、卪。徐锴曰：'号令者，集而为之。卪，制也。'"许慎对"令"字意义的解释是正确的，金文和小篆中，表示"命令"之义有两个形体，一个是"令"，一个是"命"。《说文•口部》："命，使也。从口，从令。"《诗经•大雅•卷阿》："维君子命"。《列子•汤问》："命夸蛾氏二子负二山"。此二处"命"均为命令之义。所以，"命""令"二字本为一字，且本义为命令，含有指派、发号等义。西周金文虽然已经从字形上分化出"命"字，可是直至战国晚期"命""令"二字也未彻底分化。

后来，由于意义的不断分化，使得"命""令"二字走向分化。"命"由"命令"引申指称天命、命运，古人把人的生死祸福归结为命运的安排，逐渐又引申出生命、性命之义。"命"之义便越来越偏离其本义。而"令"字则延续了"命令"之义，并在此意义基础上引申出来其他意义。例如，从"指派""发号"义引申出"使"义，《史记·孙子吴起列传》："臣能令君胜。""令"即为"使"义。后来，"令"可指称发布命令、具有一定权力的人，如尚书令、郎中令等。因"令"用于指称官员且又具有权威义，所以也被用来表示尊敬之义，古时有令尊、令郎、令爱、令坦、令兄等尊称。

"命""令"二字的分化就是意义分化而导致形体做出明确分工的例证，这种调整是汉字形、义的匹配和自足，也是汉字表意性使然。

"头"字，我们现在用来表示"人身体最上部或动物最前部长着口、鼻、眼等器官的部分"。这一意义最初是由"首"字承担的，"头"字是后起之字，这从出土甲骨铜器中可以推断。"首"见于甲骨文中，"头"则最早见于春秋铜器，为合体字，写作"頭"。另外，甲骨文中还有另一表"头"义的汉字，即"页"。"头""首""页"古文字形体如下：

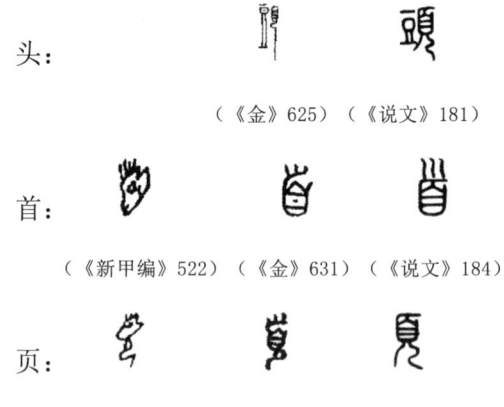

头：　　　　　（《金》625）（《说文》181）

首：　　（《新甲编》522）（《金》631）（《说文》184）

页：　　（《甲编》371）（《金》625）（《说文》181）

从形体看，"首"初不似人头之形，为动物之头，或为牛头，或为羊头，且不少字形上部有毛发。后来，"首"有似人头之形，有些字形突出眼睛以表示头。甲骨卜辞中"首"字出现较多，特别是"疾首"，意思为：头有病。金文中有"折首""稽首"等。"首"字，甲骨文形体和西周早期金文形体象形意味甚浓，至西周晚期金文形体已与《说文》中的小篆字形形似，象形意味弱化。《说文·首部》："首，百同。古文百也。巛象髪，谓之鬜，鬜即巛也。"许慎是依据小篆字形进行说解的，小篆"首"字上部的头发已经符号化，变为"巛"。

"页"，甲骨文形体似突出了头部的人形，上面为头部和头发，下面是人的身体。金文形体趋于线条化。小篆象形意味更弱。由此可见，"页"字的形体与"首"字形体演变的轨迹基本一致：甲骨文象形意味较浓，金文弱化，小篆已经基本偏离物象的形体。《说文·页部》："页，头也。"从后造之字，亦能断定"页"为头，额、顶、项、颈、须、颅、颊、颜、额、颔、颐等含有"页"构件之字皆与头有关。古文"页"与"首"或为同一字。但是，"页"在古今文献中未见单独用于表示"首"义之例。后来，表示头的意义一直由"头"和"首"来承担，"页"被借用来表示书本的页面。

由于"首""页"的形体至小篆已经失去象形意味，其形体与意义之间的关系变得模糊起来，因此人们新造"頭"字以弥补形义之间的疏离关系。也有学者认为，"頭"是"首"字的音变新造字，其产生原因或是方言读音差异，或是口语与书面语的不同。总之，音变促成了"頭"这一形声字的产生。"頭"字由"豆"和"页"构成，"页"表义，"豆"表音，同时"豆"也表示头的形状似豆器。当然，除了明确形体和意义之间的关系外，"首"字意义的增加也是人们新造"頭"字的动因之一。"首"字最初为"头"义，且在甲骨文中常用此义，但是后来"首"字的意义不断增加，引申为"开始""先"等。《周易·比》："比之无首"。《吕氏春秋·简选》："以为兵首"。因此，人们便新造"頭"字，专门表示头部之义。

  总而言之，"頭"字的产生，一是因为"首"字在使用过程中发生了音变，且意义有所增加，因而造成"首"字字形负担过重，并且"首"多用于引申义。而"页"则只作为构件构造新的汉字形体，单独使用不作"头"义；二是因为"首""页"的象形意味弱化，所以，人们重新构形，造出"頭"字，重建形体和意义之间的关系。"頭"之构件"豆"既示音，又形象地告诉人们"頭"之轮廓似盛食器"豆"。"头"是"頭"字的草书楷化，最早见于居延汉简。

第六章　文化——汉字形义之根

被公认为表意文字的汉字，其形体与意义之间总是追求高度一致，这在早期甲骨文中体现得更为明显，之后汉字形体的演变发展仍遵循这一原则：追求形体与意义的统一，意义为形体的依据。汉字的典型特征为因义构形，"选择什么物象，采用哪些构件来组合，都要受到造字人的文化环境和文化心理的影响，因而，汉字构形和汉字文化之间存在着极为密切的关系。"[①]汉字和文化之间的关系可谓相依相生。一方面，透过文化，我们可以解释汉字缘何如此构形；另一方面，透过汉字，我们可以了解古代的文化知识。

第一节　文化：汉字的依托

人们为"文化"所做的定义很多，其中最早的、比较有影响力的定义是由19世纪英国人类学家泰勒（E.Tylor）提出来的，1871

---

① 王立军. 汉字构形分析的科学原则与汉字文化研究[J]. 河南师范大学学报（哲学社会科学版），1999（3）：76.

年，泰勒在其《原始文化》一书中指出："文化或文明是一个复杂的整体，它包括知识、信仰、艺术、道德、法律、风俗以及作为社会成员的人所具有的其它一切能力和习惯。"①这一定义影响了当时和后来的许多学者。学者们纷纷从不同的角度对"文化"的内涵和外延进行研究。时至今日，学术界尚未形成一个统一的关于"文化"的定义。《现代汉语词典》（第7版）："文化，人类在社会历史发展过程中所创造的物质财富和精神财富的总和，特指精神财富，如文学、艺术、教育、科学等。"②《辞海》："文化，从广义来说，指人类社会历史实践过程中所创造的物质财富和精神财富的总和。从狭义来说，指社会的意识形态，以及与之相适应的制度和组织机构。"③虽说意见并不完全一致，但从中我们也可以看出，"文化"不仅包括人类在生产生活活动中所创造出来的服饰、建筑、器物、用具等物质财富，也包括政治制度、法律制度、经济制度、婚姻制度等制度层面的内容，还包括人们的思维方式、价值观念、审美情趣等社会心理层面的内容。

汉字是人类社会发展到一定阶段的产物，是为了满足人们的交际需要而产生的，它的产生是一种社会行为，它必然也是社会文化影响下的产物。因而，汉字选择什么样的构件，选择什么样的形体，也都需要在文化背景下思考。

一、羊，狗，马，牛——物质文化的影响

"畜牧业是古代物质生产的一个重要内容，古代物质生产甚至以它为主体形成了一种社会形态的基本生产方式。畜牧业就是人

---

① 〔英〕泰勒. 原始文化[M]. 蔡江浓，编译. 杭州：浙江人民出版社，1988：1.
② 中国社会科学院语言研究所词典编辑室. 现代汉语词典（第7版）[M]. 北京：商务印书馆，2016：1371-1372.
③ 《辞海》编辑委员会. 辞海（缩印本）[M]. 上海：上海辞书出版社，1979：3510.

们对已经驯化了的动物进行饲养繁衍，使动物成为一种社会生产的产品，成为社会财富的一个组成部分。古时畜牧业的畜养对象、方式、地位、价值、范围，都在汉语汉字中有着清楚的反映。"①古时畜牧业的畜养对象在汉字的构件中也有体现。前面我们已经提到，以"豕"为构件的汉字，如"豬""豚""遯""逐"等，都与"豕"有一定的关系，那么为何这么多的汉字都以"豕"作为构件呢？这就说明"豕"是古人接触比较多，也比较熟悉的动物。古人在构字时，"近取诸身，远取诸物"，在以畜牧业为主的古代社会，人们自然会选择在其生产生活中起重要作用的"动物"作为具体的"物象"，并在此基础上造出一大批汉字。

（一）以"羊"为构件的汉字

"羊"，甲骨文和金文形体都突出羊角下弯的特征，即用羊角的特征来表示羊。在古人看来，"羊"是"吉祥"的代表，《说文·羊部》："羊，祥也。从丫，象头角足尾之形。孔子曰：'牛羊之字以形举也。'"古代彝器铭文也常把"吉祥"刻成"吉羊"，如《积古斋钟鼎彝器款识》卷十《汉元嘉刀铭》："宜侯王，大吉羊。"以"羊"作为构件的汉字很多，我们选择几个有代表性的进行分析。

1. 美

"美"字，现在多用来指外貌或风景漂亮、美丽。"美"字古文字形体演变轨迹如下：

羊（《新甲编》245） → 羊（《金》262） → 美（《说文》78）

"美"字甲骨文形体和金文形体大同小异，上为羊角之形，下为大，以人佩戴羊角或羽毛之类的饰品会"美丽、漂亮"之意。《说文·羊

---

① 苏新春．文化语言学教程[M]．北京：外语教学与研究出版社，2006：51．

部》:"美,甘也。从羊,从大。羊在六畜主给膳也。"段玉裁注:"羊大则肥美。""羊""大"组合会"美味"之意。许氏和段氏皆以后来的小篆形体来说解"美"字,从甲骨文、金文形体看,"美"最初为合体象意字。"美"字由外表美丽漂亮引申为食物的味道鲜美,许慎对"美"字的解释为引申义。

《孟子·尽心下》中记载了一个"脍炙与羊枣孰美"的故事:"曾晳嗜羊枣,而曾子不忍食羊枣。公孙丑问曰:'脍炙与羊枣孰美?'孟子曰:'脍炙哉!'公孙丑曰:'然则曾子何为食脍炙而不食羊枣?'曰:'脍炙所同也,羊枣所独也。讳名不讳姓,姓所同也,名所独也。'"这里的"美"即表示"味道美"。段玉裁注:"而五味之美皆曰甘,引伸之,凡好皆谓之美。""美"字还有形貌美、素质优良、景物佳胜等义。《诗经·邶风·静女》:"匪女之为美,美人之贻。"《楚辞·离骚》:"纷吾既有此内美兮,又重之以修能。"《庄子·外篇·秋水》:"于是焉河伯欣然自喜,以天下之美为尽在己。"

2. 善

说到"善"字,我们就想到善良、善事、善行和慈善,"善"的这些意义是怎么产生的呢?当然与其构件"羊"有一定关系。"善"字的古字形最早见于金文,其形如下:

(《金》152)

金文"善"字由"羊"和"誩"组成。"誩"表示争辩,《说文·誩部》:"誩,竞言也。从二言。""誩",犹如二人互相倾诉,互相倾诉和"羊"有什么关系?有两种说法:一种说法认为,"羊"在古代为"祥和"之义,而"誩"有互相说的意思,这样合而释之就是互相说吉祥美好的话。另一种说法认为,"誩"表示竞相赞美之义,赞美什么呢?羊肉味之美也。且不论哪种说法更好一些,我们从中看到的是,古人对"羊"的喜爱。古人造字多是源于生活,在创造"善"字时借助羊去创造,这就说明"羊"在古人心目中不仅漂亮、温顺,而且和善。由此,我们可以反推,"善"字最初是温顺、和善及善良之义,后来又引申为交好、和好及擅长之义。

3. 羸

"羸"字虽与赢、嬴字形相近,但是意义迥然不同,关键原因在于,"赢"字从贝,"嬴"字从女,而"羸"字从羊,"羸"字的小篆字形如下:

(《说文》78)

《说文·羊部》:"羸,瘦也。从羊,𦝠声。""羸"为形声字,从羊,表示该字与"羊"相关,本义为瘦弱。"羊"怎么与"瘦弱"联系在一起了呢?从小篆形体中,我们可以看出,"羸"字中的"羊"是瘦长形,其实这只是形体推测,但"羊"之瘦更能凸显其弱小、柔弱,这是人们通过日常观察得出的结论。后来,"羸"由指羊转而指人之状态,引申义有人的瘦弱、弱小、疲惫、贫困,如:身病体羸、羸顿、矜恤孤羸等。

从上面列举的几个汉字我们可以看出,古人在选择"羊"作为构件时,不仅仅因为"羊"与"祥"相通,更重要的是因为其与人们的关系比较密切,所以,以"羊"为构件的汉字不仅有表示美好含义的"善""美",还有表示瘦弱含义的"羸"。正是由于"羊"在人们生产生活中比较重要,所以人们才细致地去观察它,进而造出了与"羊"有关的一系列汉字。

(二)以"犬"为构件的汉字

"犬"是什么?《现代汉语词典》(第7版)解释得很明确:

狗，如丧家之犬、鸡鸣犬吠。那么"狗"呢？"狗"当然也是"狗"了。孔子在解说古文"犬"字时这样说："视犬之字，如画狗也。"很显然，他也认为"犬"与"狗"是同一种动物。既然"犬"字和"狗"字的含义一样，我们的祖先为何要为一种动物造出两个名字呢？

"犬"字甲骨文、金文形体如下：

（《新甲编》577）　（《金》683）

从中我们可以看出，甲骨文和金文中的"犬"是一个非常典型的象形字，都是张着嘴巴翘着尾巴的狗的形象。古文字在描画事物形象时，总是抓住事物的典型特征，如"豕"字，在甲骨文中就突出了大大的腹部；"鹿"字，在甲骨文中就突出了树枝一般的角，"象"字，则突出了长长的鼻子，"犬"吠时总是翘起尾巴，所以甲骨文、金文都突出了"犬"的这一特点。"犬"字出现较早，甲骨文、金文都有此字。可是"狗"字出现得很晚，《周易》和《诗经》都没有"狗"字的踪迹。由此可知，"狗"字最早也是在《诗经》之后出现的。

既然后来"犬"字之外又出现了"狗"字，那二者应该是有别的。至于二者的区别，有这样两种主流观点：第一，"犬"指大狗，"狗"指未成年的小狗、狗崽。第二，"狗"是大概念，包含着小概念的"犬"，许慎也持同样的观点，他认为"狗之有悬蹄者为犬"。"悬蹄"就是犬的前肢肘下附有退化后的残趾。甲骨文中已有"犬"字，却不见"狗"字，而且按照人类思维的特征也可以推断，最先产生的"犬"字理应是大概念，随着社会的发展，人们对动物越来越熟悉，概念才进一步细化，便又有了区别于"犬"的"狗"字。

在现代汉语中，含有"犬"和"狗"的词语也不少。比如：

A组：鸡犬不宁、狂犬吠日、犬牙交错、犬马之劳、一人得道鸡犬升天；

B组：狗拿耗子、狗仗人势、狗东西、狗腿子、走狗、狗头军师、狼心狗肺。

这些都是人们长期以来习用的、已经定型的熟语，"犬"字替换成"狗"字，或者"狗"字替换成"犬"字都不妥。从中，我们可以看出，含有"犬"字的熟语比较雅一些，而且产生时间也早一些，含有"狗"字的则都是一些产生比较晚的口头俗语，这也从侧面证明了"犬"字比"狗"字资格要老。

以"犬"作为构件的汉字有很多，甚至一些我们认为与"犬"无关的汉字，也是以"犬"作为构件的。下面，我们简单分析几例：

1. 默

甲骨文、金文皆不见"默"字。"默"字小篆形体为：

(《说文》204)

从字形看，小篆同现在的字形区别不大。《说文·犬部》："默，犬暂逐人也。从犬，黑声。"也就是说，"默"的本义是：犬默不作声，偷偷跟随人而伺机突袭。许慎之说，很容易让我们联想到这样一个场景：一只凶猛的狗，静静地在某个角落里趴着，悄悄地注视着人们的一举一动，在此过程中，它没有发生一丝响声，更不用说叫唤了。正如俗语所说"叫狗不咬，咬狗不叫"！由此可见，古人对"狗"的观察可以说是细致入微，连狗"伺机而动"时的状态都了如指掌。现代汉语中的"沉默是金""沉默寡言""缄默其口""潜移默化"等词中的"默"字都是静默、不言之义。

2. 哭

"哭"字，从楷书形体看，是由二"口"一"犬"组成。"哭"字出现得比较晚，甲骨文、金文中不见此字，长沙马王堆汉墓帛书中有"哭"字。"哭"字的较晚出现，让很多古文字学家迷惑不解。到底是我们的祖先根本就没有造出这个字，还是我们没有识出？我们认为，"哭"字之所以在甲骨文、金文中没有出现，是因为卜辞、铭文文体比较特殊，"哭"字大概无用武之地。甲骨文和金文内容有限，记载的事情也比较单调，甲骨文主要是记录祭祀、狩猎、军事、农业、历法等内容，而金文铭文则是记录当时赐命、祀典、诏书、围猎和盟约等活动事件的。

"哭"字小篆字形如下：

(《说文》35)

从字形可见，"哭"下为"犬"。《说文·哭部》："哭，哀声也。从吅，狱省声。"许慎认为"哭"字"狱省声"的说法很难让人信服，因"狱"省去三分之二才为"犬"字。后来段玉裁也对此说提出了异议："按：许书言'省声'，多有可疑者。取一偏旁，不载全字，指为某字之省，若家之为豭省，哭之从狱省，皆不可信。狱固从犾，非从犬，而取犾之半，然则何不取穀、独、倏、豲之省乎？窃谓从犬之字，如狡、狯、狂、默、猝、猥、姗、狠、犷、状、獳、狎、狃、犯、猜、猛、犺、犸、狟、戾、独、狩、臭、獒、献、类、犹卅字皆从犬，而移以言人，安见非哭本谓犬嗥，而移以言人也？……愚以为家入豕部从豕、宀，哭入犬部从犬、吅，皆会意，而移以言人。庶可正省声之勉强皮傅乎？"我们认为，段氏的说法是正确的，"哭"字是会意字，从吅，从犬，"吅"读为 xuān，古与"喧"同，表示声音很大。"哭"字的本义是犬嗥，后转移指人之哀哭声。

3. 独

"独"字，从现在的字形看，是由"犭"和"虫"组成的，其繁体字为"獨"。"独"字始见于战国文字。战国文字与小篆形体基本一致，皆为从犬，蜀声。"独"字小篆形体如下：

(《说文》205)

《说文·犬部》："独，犬相得而斗也。从犬，蜀声。羊为群，犬为独也。"段玉裁注："犬好斗，好斗则独而不群。引伸假借之为专一之称。《小雅·正月》传曰：'独，单也。'《孟子》曰：'老而无子曰独。'《周礼·大司寇》注曰：'无子孙曰独。'《中庸》《大学》皆曰：'慎其独'。"羊喜欢结群生活；狗性好斗，所以不结群，多独处。"独"的本义从"犬"而来：单独、独自。由"单独、独自"引申为"孤单、专断、独裁、独特、特意"等意思。现今的流行语"单身狗"之含义也与狗的这一特征有关。

《晏子春秋·内篇杂下》："君使服之于内，而禁之于外，犹悬牛首于门，而卖马肉于内也。"这里的"悬牛首卖马肉"，至宋代就演变为"悬羊头卖狗肉"，我们今天一般说"挂羊头，卖狗肉"。"挂羊头，卖狗肉"的意思是：比喻用好的名义作幌子，实际上做坏事。从这一成语，我们可以看出中国传统文化的"褒羊贬狗"的思想。这一思想的根源就在于"羊为群，犬为独也"，中国传统文化中的大一统民族心理使得人们对"温柔""爱聚合"的羊和"好斗""爱独居"的狗产生了正反两种感情。在汉字中，以"羊"为构件的汉字多含有褒义，如美、善、祥、羑[①]；以"狗"为

[①]《说文·羊部》："进善也。从羊，久声。"即"羑"的本义为进善言以引导之。

构件的汉字则多有贬义,如犯、狠、狂、犷、狡、猾、狷、獗、狰、狞、戾等。

(三)以"马、牛"为构件的汉字

"马"和"牛"是畜牧业社会中最重要的两种动物,二者在古人的生产和社会活动中占据着重要的位置。

《说文》中作为汉字构件的"动物"有:马、牛、羊、豕、鹿、犬、鸟、隹、虫、鱼、黾、鼠等。以"马"作为构件的汉字,一共有115个:马、馬、骘、骒、驹、驮、骐、骊、騆、魃、骝、騢、骓、骆、驷、骢、骁、骓、骀、骠、驻、驖、騏、骠、駁、馬、騽、驪、驭、骓、騮、騎、騼、馼、驥、骏、骁、骚、騊、驵、骄、騋、骧、验、㹱、馮、骓、骈、骖、驷、駙、駊、駓、騁、驥、駇、骞、驻、駟、駩、駬、騱、驚、骇、驯、骚、骲、骧、骝、笃、骙、鸒、骎、駮、冯、骊、駭、骒、駒、飚、驱、驰、骛、驾、骋、骩、驮、駧、駝、駗、驒、骜、驊、腾、騳、驀、骑、驾、駹、駠、骀、驹、驿、駔、駮、駃、駋、骒、驴、骡、騽、骒、驹、骖。这些汉字,表示了"马"的方方面面:"骘、骒"表示马的性别;"驹、驮"表示马的年龄;"骐、骊、騆、魃、骝、騢、骓、骆、驷、骢、骁、骓、骀、骠、驻、驖、騏、骠、駁、駮、騽、驪、驭、骓、騮、騎"表示马毛的颜色及长短等。这些汉字中,最能体现马在人们生活中的重要性的是那些本指马的状态、性情、动作的字,而后转指其他动物或人的状态、性情、动作。如"驚、骇"本来指马受惊,后来指人惊慌害怕;"驯"本指马驯服、顺从,后来泛指驯服、顺从;"驰"本义是赶马快跑,后来泛指奔驰。下面,我们以"笃"字为代表,进行详细的分析。

"笃"字小篆字形如下:

篤

（《说文》200）

"笃"字在较早的睡虎地秦简中也有与小篆基本相似的字形。"笃"为形声字，从马，竹声。有人认为马蹄声如"竹"之音，但证据不足。马叙伦对"笃"字的解释较有说服力，他认为"笃"与"騊"都是舌尖前破裂音，声同为幽类，所以二字当为转注字，均为摹写马的行动之声音的。① 故"笃"字用马的行动声音，来指称马行走缓慢之义，《说文·马部》："笃，马行顿迟。"后来"笃"引申为忠实、专一等意义。如，夫妻情笃、笃信、守志弥笃等。现在，"笃"与马相关的意义已经基本不为人所知了，今多用"笃"来形容人。

《说文》中一共收录了 45 个以"牛"作为构件的汉字：牛、牡、㸬、特、牝、犊、牸、犙、牭、犠、牻、㹍、犩、㸹、荦、犅、牫、犢、犉、𤙍、犢、牧、犫、牟、犗、牲、牷、牵、牿、牢、犕、𤚐、犒、犁、犇、犨、牴、犛、犁、牼、牣、犀、㓷、物、牺。"㸬，二岁牛。""犙，三岁牛。""牭，四岁牛。""牻，白黑杂毛牛。""犅，黄牛虎文。""犩，牛黄白色。""犉，黄牛黑唇也。"从许慎的这些解释中，我们可以感受到人们和牛的密切关系。正是由于牛在远古时期已经被人驯化并为人类提供劳动力、食物等这样的社会文化环境，造就了"牛"部汉字的大量产生。

"特"字，今天我们一般用来表示"特殊、特别、特地"等含义，实际上，"特"字的本义与"牛"有关。"特"字小篆字形如下：

---

① 李圃. 古文字诂林（第八册）[M]. 上海：上海教育出版社，2003：482.

牡

(《说文》29)

《说文·牛部》："特，朴特，牛父也。从牛，寺声。"许氏认为"特"为没有阉割的牛，即牛父。《玉篇·牛部》："特，牡牛也。"《史记·秦本纪》："伐南山大梓，丰大特。"此"特"即为公牛。而后"特"便泛称公畜了，不光指称公牛，如《周礼·夏官司马·校人》"凡马，特居四之一。"显然这里的"特"为"公马"之义。《广雅·释兽》："特，雄也。"后来"特"才引申出"不一般""不平常"等意义。

古人造字，"近取诸身，远取诸物"，每个汉字都是文化影响下的产物，在以畜牧业为主体的社会，古人选择"羊、狗、马、牛"等被人们驯化的动物作为构件并在此基础上孳乳出大量的汉字也是必然的。

二、国，王，京，秦——制度文化的影响

制度文化是指人类在物质生产过程中形成的各种社会关系及在此基础上建立起来的社会制度、行为规范等，包括政治制度、法律制度、经济制度、婚姻制度、国家、家族、宗教、道德、法律等。国家组织，商代已经成立，因为甲骨文中已经有表示"国"的字（甲骨文写作"或"字）。古代国家的构成要素主要有：土地、人民和社稷，国家是统治阶级权力的依托，也是统治阶级权力的象征。古代国家的这些特征对文字构形产生了一定的影响。

（一）国，王

简化字"国"借鉴了见于北齐的俗字"国"，为"口中有王"之义。显然，该字具有明显的皇权至上的色彩。新中国成立后推行的简体"国"虽借鉴了之前的"国"字，但是摒弃了当时的造字

意图，把"囗"中的"王"增加了一点，改为了"玉"字。

最初的"国"字的来源并不是"囗中有王"，但同样有着明晰的造字意图，这种造字意图受到社会制度的影响和制约。"国"字古文字形体如下：

戓（《甲典》695） → 或（《金》426） → 國（《金》426） → 國（《说文》129）

从以上字形可知，"国"字，甲骨文最初写作"或"字，有"囗"有"戈"，"囗"表示城池，"戈"为武器。很显然这是一个会意字，其义为持兵戈来保卫城池。

《说文·戈部》："或，邦也。从囗，从戈，以守一。一，地也。域，或又从土。"甲骨文最初是没有下面的"一"的。直至金文字形才有"一"，有人说"一"也表示土地，从字形看，第一个金文"国"字中的"一"仍然与右面的构字部件融为一体，我们认为这当是个方向不同的"戈"，后来字形发展变化，下面的一横脱离整体最终成为"一"。小篆同金文基本相同，增加了外围的"囗"，以此来表示国家的疆域，但仍然强调以武力保卫国家。这一汉字的产生，从根本上说，也符合"国家"的产生，国家是阶级矛盾不可调和的产物，领土是国家必须具备的条件之一，而军队是使用武器来保护国家及人民的武装力量。甲骨文"国"字发展至金文、篆文，字形的演变、造字逻辑清晰。

其实，"国"字在古文字形体中并不限于以上字形，据统计，可见于文献的有 42 个"国"字。当然，"国"字的形体肯定不止这 42 个。在这 42 个"国"字中，有两个形体与武则天有关。这两个与武则天有关的"国"字的传闻是这样的：在武则天统治时期，有个叫寻如意的官员给武则天上了一份奏折，声称"國"字中有"或"字，"或"有"惑乱"之义，不吉利，建议把"囗"中的"或"改为"武"，用"武力"镇压"惑乱"。武则天听了以后觉

◎ 第六章 文化——汉字形义之根 ◎

得很有道理，而且"武"还是自己的姓，于是，一声令下全天下照此执行。哪知这个新字刚用了一个月，又有好事者告知武则天说："武"在"囗"中，这同"囚"字何异？该字极为不祥。这一句话好像点醒了梦中人，武则天一听胆战心惊，觉得所言极是。于是又一次昭告天下"國"中"武"改为"八方"，即变为"圀"字，武则天认为"八方"有威震八方之义，且能向外无限拓展，与"武"字有异曲同工之妙。这两个"国"字的构形——"囗"中有"武"和"囗"中有"八方"显然是受到古代武力治国的政治理念及皇权至上思想的影响。

"中国"这一名词，最早出现在西周早期的何尊铭文中，"唯武王既克大邑商，则廷告于天，曰：'余其宅兹中或（国），自之乂民。'"这里的"中国"与现在的"中国"不是一个概念，其表示"周王朝的中心地区"，即洛邑。该句铭文大意为：武王灭商后则告祭于天，以此地作为天下的中心，统治民众。

"中国"一词后来频繁使用，但是古代这一词只是作为区域限定指称。"中国"一词因时代不同，其内涵有别，最初指国家王权的中心所在；然后发展为华夏族、汉族居住地区，因为该区域处在四夷之中，《诗经·小雅·六月序》有"小雅尽废，则四夷交侵，中国微矣。"之后，"中国"又指称中原区域及在中原建立的政权。直至1912年中华民国建立，"中国"才真正成为国名，1949年新中国成立，全称为"中华人民共和国"，简称为"中国"。

"王"字的字形，前面我们已经进行过详细分析。"王"是象形字，象斧钺之形，斧与钺都是古代的兵器，《汉书·王䜣传》："武帝末，军旅数发，郡国盗贼群起，绣衣御史暴胜之使持斧逐捕盗贼，以军兴从事，诛二千石以下。"《史记·殷本纪》："汤乃兴师率诸侯，伊尹从汤，汤自把钺以伐昆吾，遂伐桀。"《左传·昭公四年》："王弗听，负之斧钺，以徇于诸侯。""斧钺"为何能够指代古代最高统治者？这当然是受到当时的文化制度的制约。古代战争频繁，统治者必须以武力平乱，得到天下后，统治者要维护自己至高无上的权威，也常用武力对不服从者进行镇压，当然这种治国方式和理念遭到了很多人的反对，《左传·襄公四年》："昔周辛甲之为大史也，命百官，官箴王阙，于《虞人之箴》，曰：'芒芒禹迹，画为九州，经启九道。民有寝庙，兽有茂草，各有攸处，德用不扰。在帝夷羿，冒于原兽，忘其国恤，而思其麀牡。武不可重，用不恢于夏家。兽臣司原，敢告仆夫。'《虞箴》如是，可不惩乎？"《孟子·公孙丑上》："以力假仁者霸，霸必有大国。以德行仁者王，王不待大。汤以七十里，文王以百里。以力服人者，非心服也，力不赡也。以德服人者，中心悦而诚服也，如七十子之服孔子也。"但是从反对声中，我们更证实了古代以武力治国的社会现实，这种治国方式和理念已经深入人心，所以在创造汉字时，人们便不自觉地使用武器之形来记录表示领土、疆域的"国"以及表示国家最高统治者的"王"。

（二）京

提起"京"字，我们便联想到京城，北京、南京、东京、西京，这些都是带有"京"字的古代都城。《现代汉语词典》（第7版）对"京"字的解释非常简单："①首都：～城|～师。②（Jīng）指我国首都北京：～剧|～腔|～味ᵣ|进～开会。"[1] "京"字为什么表示"首都"？

《说文·京部》："京，人所为绝高丘也。从高省，丨象高形。凡京之属皆从京。"许慎认为"京"是人工所筑的高大的台子，其实这种说法是不严谨的。《尔雅·释丘》："绝高为之京"。朱骏声《说文通训定声》："对文则人力所作者为京，地体自然者为

---

[1] 中国社会科学院语言研究所词典编辑室. 现代汉语词典（第7版）[M]. 北京：商务印书馆，2016：684.

邱；散文则亦通称也。"由此可知，"京"为人力所为，但所筑建起来的并不只是一个高台，还要在高台之上建造房屋楼阁，这个房屋或楼阁连同高台才可以称作"京"。我们看一下"京"字的古文字字形演变轨迹：

仌（《新甲编》338） → 宋（《金》376） → 京（《说文》111）

从甲骨文和金文字形可以看出，"京"为象形字，下为高台，上似亭台阁楼。中间的楼阁特别形象逼真，当为眺望、巡守的观望台。至小篆"京"字更加简化，为书写之便，人们直接把中间的楼阁写作了"口"形，我们很难再看出楼阁或台上建筑之形。

"京"字含有"高大"之义。郭沫若先生认为"象宫观臺廱之形。在古素朴之世非王者所居莫属。王者所居高大，故京有大义，有高义。"①从古文献中也可以找到"京"字高大义的佐证。如：《左传·庄公二十二年》："八世之后，莫之与京。"《文选·张衡〈西京赋〉》："燎京薪，骇雷鼓。"李善注曰："积高为京。"又因为"京"之高大宏伟，建造"京"所需的材料必然巨大，古人又以"京"来表示最大的数词。《孙子算经》曰："凡大数之法：万万曰亿，万万亿曰兆，万万兆曰京。"由此可知，"京"字表示的数字已经达到了最大极限。后来，体型巨大的鱼我们称之为"鲸鱼"，给心理极大反差或者恐吓的情况，我们称之为"惊"，表示强有力，称之为"倞"。这些后产生的汉字都说明"京"字有巨大、高大之义。在皇权社会，"京"就当为皇帝所独有。清朝有明文规定，京城的所有建筑都不得高于皇宫，否则就无法彰显皇帝的至高无上、俯瞰一切的权威。现在我们从故宫的宫殿亦能看出这种高大威严。既然皇帝所居或办公之所皆为高大威严之"京"，

---

① 郭沫若. 两周金文辞大系图录考释[M]. 北京：科学出版社，1957：113.

那么皇帝生活和活动的主要城市就被称为"京城",于是,就产生了北京、南京、东京、西京、镐京等都城名称。

另外,古代除了皇帝居住之"京",还有为储存粮食而建造的"京"。"京"筑于高台便于防水防潮,当然是存放粮食的最佳选择。关于"京"作为储粮仓,有不少文献记载:《广雅·释宫》:"京,仓也。"《管子·轻重丁》:"有新成囷京者二家。"以上"京"皆指粮仓,但不能因此说"京"本义为粮仓,存粮只是"京"的另一个功能。

通过以上分析,"京"字的意义发展也已经清晰可见了:建在高台上的建筑、楼阁——高大——皇帝居住之所——京城。

从"京"字的构形及意义演变,我们可以看出,"京"字本来单纯表示"建在高台上的建筑、楼阁",后来才表示都城。因为在皇权至上的古代,"都城"是皇帝的居住地,也是国家权力的象征城市,因此偏向于选择"京"为之命名。

(三)秦

公元前 221 年,嬴政灭六国结束了春秋战国长达 500 余年的分裂局面,建立了中国历史上第一个统一的多民族的中央集权国家——秦朝。为何称为"秦朝"呢?

春秋战国时期的诸侯称自己为"王"或者"君",嬴政认为这些称号都不能显示自己的尊崇地位,于是综合"三皇"之"皇"和"五帝"之"帝",称自己为"皇帝",之后 2000 多年"皇帝"一词一直被沿用。说到确立王朝的名称,嬴政也是煞费苦心。据说,当时嬴政起家的秦地的"秦"字,其字形为上一"土"下一"木",写作"栞"。嬴政非常不喜欢这个字。他认为这个字拆开来讲就是二王并列坐在椅子上,这怎么能行呢?天下只有一个王,怎能容下两个王?因此,嬴政极其讨厌这个"栞"字的字形,就下令文臣对"栞"字进行改变。大臣们纷纷猜测秦始皇的心思,以便确定如何改变才能符合他的想法。后来，群臣绞尽脑汁想到一个好字形。于是就告诉嬴政说：大王的功劳名垂史册，功绩与以往所有帝王功劳之和相当，有一部史书为《春秋》，大王的功绩抵得上半部《春秋》，可取"春"字的一半和"秋"字的一半组成"琹"字。秦始皇一听喜出望外，于是就确定了"琹"字的字形。当然，这只是传说，细细考证是不靠谱的。首先，"琹"这个字直到宋朝才出现，且与"秦"无关。"琹"是"琴"的异体字。其次，说"秦"源于"春"和"秋"的各半边也是站不住脚的，因为秦国当时用篆文，"春"和"秦"的形体差别一目了然，二字形体如下：

春： 𣇃 𣆶

（《甲金篆隶》53）（《说文》27）

秦： 𥝩 𥠻

（《集成》46）（《说文》146）

那么，"秦朝"到底是怎么来的呢？"秦"字的古文字形演变轨迹如下：

（《新甲编》434）（《金》507）（《说文》146）

从字形演变轨迹看，"秦"字从甲骨文到小篆变化不大，小篆下面的二"禾"省为一"禾"。"秦"为会意字，上部为双手捧杵，下为禾，因此从整体构形看，"秦"就是双手捧杵舂禾之形。"杵"为古代的一种农具，当时，人们收割庄稼以后并不像现在有脱粒的机器，脱粒用的是"杵"这种农具，用"杵"可以在石臼里捣碎农作物从而使其脱粒。因此，"秦"字的本义是舂禾脱粒。后来，"秦"字由加工庄稼之义引申为地名——秦地。秦地也就是今天陕西凤翔以西甘肃东南一带。这一地方之所以称为"秦"地，是因为当地盛产粮食。

《说文·禾部》："秦，伯益之后所封国。地宜禾。从禾、舂省。一曰秦，禾名。"据许慎之说，地名解释在前，禾名解说随后。可见，许慎倾向于把国名当作"秦"的本义。可是，我们从造字意图和字形上分析，"持杵舂禾"当为"秦"之本义。"伯益"，本名大费，又称伯翳，是嬴姓之祖，封地为"秦"，《路史·后纪七》："伯翳大费，能驯鸟兽，知其语言，以服事虞夏，始食于嬴，为嬴氏。"《盐铁论·结和》："伯翳之始封秦，地为七十里。"

秦朝的统治阶级以"秦"为其所建立的国家命名，一是因为秦地是嬴政起家之地，于嬴政而言，有着重要的意义；二是因为民以食为天，而"人民"是国家的必要构成要素，为政者考虑到"安民"的基本物质条件——充足的粮食，因此选择盛产粮食的"秦"作为国家的名称。

三、西，南，春，秋——心理文化的影响

心理文化是文化的核心部分，包括人们的思维方式、价值观念、审美情趣等。"在汉字的造字、构形、赋义中，会体现出许多与汉民族文化精神相一致的东西。人们在铸造汉字的过程中，总是会按照原有的思维逻辑与习惯，融进原有的认识与观念。汉字绝不是一种任意的线条符号，而是在有明确意识的支配下，为了清晰表意而造出的文字符号系统。在汉字身上所凝结的文化精神，最集中的就是汉民族的思维特征了。"①汉民族的思维特征是具体的、形象的、直观的，"中国是一个讲究实际的国度，以思维的具体性而著称，对具体感性的兴趣远远超过对概念逻辑的兴趣，它既不像西方那样热衷于抽象的概念思考，也不像印度那样无视个

---

① 苏新春. 文化语言学[M]. 北京：外语教学与研究出版社，2006：192.

别与特殊，热衷于普遍的东西。然而，对逻辑的漠视并不代表思想的贫乏，中国人往往执着于通过感性来表达精深的理性思考，通过感性的巧妙类比来呈示意念，以模糊整体的生命化语言去复现世界的形象。"①因此，汉民族的具象思维特征对汉字产生了很大的影响。

早期的汉字，很多都是根据直接描绘事物的具体形象来构形的，如"亻"，甲骨文中"人"字象一个侧立的人形，有胳膊和腿；"子"，甲骨文的"子"字象一个两脚并在一起，有两只胳膊和大大的头的婴儿之形，"目"，甲骨文"目"字是一只眼睛的形象；"雨"，甲骨文的"雨"字象雨点从云层下落之形。但是，汉字不仅需要表达具体的概念，也需要表达抽象的概念，在表达抽象概念时，汉字就以具体的物象为基础，通过借象、组合会意等方式来实现。下面，我们以"西、南"和"春、秋"为例进行说明：

（一）西，南

西、南皆表示方向，"西"字的古文字形体如下：

（《新甲编》672） （《金》766） （《说文》247）

"西"字甲骨文、金文皆似鸟巢，但巢为封闭之形，当为从下向上仰望所见之状。但至小篆，"西"字已为鸟和巢之组合象形。《说文·西部》："西，鸟在巢上。象形。日在西方而鸟栖，故因以为东西之西。"我们的祖先在日常生活中非常善于观察，在那个"日出而作，日落而息"的古代社会，他们扛着农具返家之时，离开巢的鸟儿也跟他们一样回巢栖息。"西"当为"栖"之本字，为鸟儿回巢栖息，鸟儿回巢为太阳转向西方之时，因此把日落之方向定为西。

---

① 詹绪左，朱良志. 汉字与中国文化教程[M]. 芜湖：安徽师范大学出版社，2018：244.

"南"字是一个比较有争议的汉字。其古文字形体演变轨迹为：

省（《新甲编》381）→ 南（《金》420）→ 南（《说文》127）

"南"字是一个象形字，至于所象何物，学界的看法不一。《说文·宋部》："南，艸木至南方，有枝任也。"段玉裁注："此亦脱误，当云，'南，任也'，与'东，动也'一例，下乃云'艸木至南方，有枝任也'……"朱骏声《说文通训定声》："草木至夏壬大也，夏主南方火，故以为南北之南。"许慎关于"南"的"枝任"的说法，不妥当，学者们也不从此说。"南"本为一种乐器，表示南方之义是假借而来的。郭沫若先生认为："由字之形形象而言，余以为殆钟镈之类之乐器。……钟镈皆南陈，故其字孳乳为东南之南"①。《诗经·小雅·鼓钟》："以雅以南"。多数学者赞同此说，如唐兰、马叙伦等。从形体看，"南"字像系绳悬挂的一种打击乐器，有学者认为是铃，也有学者认为是瓦制乐器。至今，"南"初为何种乐器仍有争议，但表示方向之"南"为假借已为共识。郭沫若先生从此种乐器"南陈"的角度，推测乐器"南"与表方向之"南"的关联，是有一定道理的，这也体现了人们从具象到抽象的思维特征。

（二）春，秋

我们现在认为，一年分为四季：春、夏、秋、冬。但是商及西周早期，一年则分为春、秋二季，西周晚期，人们才从原来的春季中划分出来一个夏季，又从秋季中划分出来一个冬季。于省吾先生指出："商代和周初只有春秋两季，后来发展为四季。……甲骨文无夏字，虽有冬字，但均作终字用"。②

"春"为一年之始，春季是万物萌生的季节，太阳温暖，小草

---

① 李圃.《古文字诂林》（第六册）[M].上海：上海教育出版社，2003：90-91.
② 于省吾.甲骨文字释林[M].北京：商务印书馆，2010：2.

发芽，树木葱茏，花儿绽放，一切都是生机勃勃的。"春"字的古文字形体演变轨迹如下：

（《新甲编》32） → （《金》39） → （《说文》27）

从形体上看，甲骨文、金文和小篆的"春"字都由艸（草木）、⊙（太阳）和屯（草木萌发之形）构成，《说文·艸部》："春，推也。从艸，从日，艸春时生也；屯声。"可见，"春"字的本义即春天、春季。《公羊传·隐公元年》："春者何？岁之始也。"何休注："春者，天地开辟之端，养生之首，法象所出，四时本名也。""春"字的形体直观且生动地描绘出一幅阳光普照、草木萌发的春天之景。

秋季是收获的季节。"秋"字由"禾"和"火"组成，《说文·禾部》："秋，禾谷孰也。"谷物成熟的季节就为秋天，这非常容易理解，那么"火"呢？与"秋"有没有关系？甲骨文"秋"字形体为。该字形上半部分为一只虫子，下半部分为火苗，也就是虫子和火构成了表示季节的"秋"。"秋"季是谷物成熟的季节，也是蝗虫泛滥的季节，农民必须想方设法杀死蝗虫，才能保证庄稼的丰收。古代没有农药之类的高科技产品，农民就用火去驱杀蝗虫。顺便说一下，"秋"字的读音也是因此而产生，用火烧杀蝗虫之时，虫子就会发出"啾啾"的声音。

上有"虫"下有"火"的字，不光是"秋"的意思，也指一种虫。为了区别季节和虫，后来就在表示"秋"义的汉字上加了表义构件"禾"，《说文·禾部》中籀文形体为，为了简化又把上面的"虫"去掉了。于是，"秋"字就变成了今天的形体。

从"西、南、春、秋"四个字的产生过程，我们可以感受到，具象思维在表达抽象概念时使用的具体方式：一是借象的方式，即借用具体的物象或景象来表达抽象的概念，"西、南"二字，包括"东、北"的产生就是使用的这种方法。"东",甲骨文、金文形体分别为⌀、⌀,皆为两端捆束的橐形,作为方向的"东"为假借,至小篆,人们采取具象思维的方式重新赋予了"东"新的造字逻辑。《说文·东部》:"东,动也。从木。官溥说,从日在木中。"《诗经·邶风·日月》:"日居月诸!出自东方。""北"字的甲骨文形体为⌀,形如二人相背,最初为背驰之义,人相背之处为脊背。人们面朝南方,前为南,后即为北也,由此表示具体物象——后背的"北"便用来表示抽象的方向了。"东、西"二字借"日出东方""鸟儿回巢"之象来表示方向——清晨,东方可见"日在木中"之象;傍晚,西方可见"鸟儿回巢"之象;"南、北"二字借"乐器南陈""脊背朝北"之象来表示方向。二是组合会意的方式,即用多个物象或景象来表达抽象的概念,"春、秋"就是此类。"春"字的构形要素有三:太阳、草木、草木萌发之形,三者组合起来把春季的典型特征体现得一览无余;"秋"字的构形要素有二:虫和火(甲骨文)、禾和火,无论是"虫"和"火"的组合,还是"禾"和"火"的组合,都意合出秋天的典型事件:谷物成熟、蝗虫泛滥——用火驱虫、谷物丰收。

  从以上例字可以看出,汉字的构形受到了汉民族具象思维特征的影响。也正是这种具象思维特征铸就了汉字的表意性质。象形字直接描绘物象来构形,所象之形皆为具体的物;指事字是在象形字的基础上,或者说是在具体物象的基础上,增加指事符号来构形,其表达的多为抽象概念;会意字是以象形字或指事字作为构件材料,也就是把具体的物象或物象及符号组合起来来构形;形声字是由表义构件和示音构件组合而成的,表义部分仍然是把象形字或指事字作为构件材料。由"象形字"到"形声字",汉字以具体物象来构形的特征虽有弱化但却一直存在,换句话说,汉民族的具象思维特征铸造了汉字的表意特征。

文化是发展、变化的。社会的进步，生产力的提高，人们思想观念的改变等文化因素的发展，都会促进汉字形体的改变。如"锅""鉴""针""德""教"等汉字形体的演变都与文化的发展有密切联系。

"锅"，《说文》中未收录，可见"锅"字产生较晚。《玉篇·金部》："锅，盛膏器。"慧琳《一切经音义》卷十四："烧器也。《字书》云：'小鑊也。'"《广韵·戈韵》："锅，温器。"

"锅"义在《说文》中由"䰙"这一字形承担。《说文·鬲部》："䰙，秦名土釜曰䰙。从鬲，𠂇声。""鬲"字产生较早，甲骨文中就有"鬲"字。"鬲"字为象形字，其形就似三足形的炊具，上口为方形或圆形，是非常重要的烧饭工具。该炊具之所以有三足，是为了保持平衡，易于安放。《说文·鬲部》："鬲，鼎属。实五觳。斗二升曰觳。象腹交文，三足。"鬲作为一种生活用具被人们使用了很长时间，从新石器时代晚期一直到青铜器时代。鬲的发明有着很重要的意义，借助鬲，人们吃上了蒸煮的食物。又因为鬲三只足是中空的，增加了受热面积，因此鬲常常用于煮谷物。"鬻"字就是典型的以"鬲"为构件的会意字。"鬲"字古文字形体如下：

（《新甲编》154）（《金》171）

"䰙"构件之一"鬲"本身就是一种蒸煮的锅；构件"𠂇"有示音功能。其实，示音构件"𠂇"也是有意义的，"𠂇"为反"夂"，有跨步之义。《说文·夂部》："𠂇，跨步也。从反夂。䰙从此。"段玉裁注："跨，当作夸，夸步谓大张其两股也。"段注解释得非常形象，我们再对比鬲这种炊具，三足看起来两两正象大张的两股，很有画面感。

随着青铜器的不断发展，陶制的"鬲"慢慢变成了礼器，主要用途不再是蒸煮食物。但是，"鬲"作为有意义的构字部件依然存在，很多与炊具有关的汉字都含有"鬲"，比如"䰜""鬻""䰞""鬻""甗"等字。后来，冶铁业开始发展，制作锅的材料也发生了变化，由陶制变为铁制。为了准确地记录这一物质文化的变化，人们另造了"鍋"，其中，"金"为表义构件，"咼"为示音构件。简化后，写作"锅"。"锅"字最早见于扬雄的《方言》。"锅"字产生后，"䰞"字并未立马消失，二者并行了一段时间，后来"锅"字彻底取代了"䰞"字。

"鉴"为"监"的分化字，"监"字古文字形体演变轨迹如下：

𦥑 →（《甲典》930） 𥃩 →（《金》582） 𥃲 （《说文》170）

从"监"字形体演变可见，其甲骨文、金文形体与小篆形体差别是比较大的。甲骨文、金文及小篆"监"字皆从"皿"。"皿"为容器，常用来盛饭食，在"监"字中指用来盛水的器皿。《说文·皿部》："皿，饭食之用器也。象形。与豆同意。"从"监"字整个形体可见，器皿旁边有一跪坐或站立之人形，且突出人上部的大眼睛，以表示向器皿照看之义，因此"监"的本义就是以水为镜照看自己。《尚书·酒诰》曰："人无于水监"。此处"监"用的便是本义。

至战国文字，器皿旁的"人与眼睛"呈现分离态势。其实，这种变化在金文中已经开始显现，这是汉字在发展过程中不断朝着模块化、整齐化方向发展的大趋势所决定的。呈现分离态势的金文"监"字形体如下：

（《金》582）

从字形可见，大大的眼睛已经脱离了人的身体，移位至器皿之上，甚至器皿之中。后来，"人"之身体也转移到了"皿"之上，呈现"人""目"并列于"皿"之上的构形。这一变化也始于金文，战国文字开始定型。后来，"目"构件变为"臣"就产生了"監"这一形体。

"监"的本义为用盛水的器皿照看自己的影子，后来人们又把这种能照看人影的器物称为"监"。"监"作为照人影的器物后来逐渐发展为金属器皿，同时，也由于"监"字主要用于"监视"义，所以后来便滋生出了"鑑"字。"鑑"字进一步简化，便有了今天的"鉴"字。《诗经·邶风·柏舟》："我心匪鉴，不可以茹。"此处"鉴"即为铜鉴。唐兰在《殷墟文字记》中说："余谓监字本象一人立于盆侧，有自监其容之意。……其本义当为'视也'……引申之为所监之器之名，金制则为鑑，盛水则为滥。"①

"针"字，本作"箴"，其小篆形体如下：

箴

（《说文》98）

《说文·竹部》："箴，缀衣箴也。从竹，咸声。"《荀子·大略》："今夫亡箴者，终日求之而不得；其得之，非目益明也，眸而见之也。"大致意思是：丢针的人，整天找针都没找到；当他找到它时，并不是眼睛更加明亮了，而是睁大了眼睛才发现它的。《礼记·内则》："衣裳绽裂，纫箴请补缀。"意思为：衣裳脱线开裂，以线穿针缝补连缀。"箴"以"竹"作为表义构件，说明当时的针是用竹子做成的。随着冶铁业的发展，针多为金属制成，其表义构件也由"竹"变为"金"，写作"鍼"，《说文·金部》："鍼，

---

① 唐兰. 殷墟文字记[M]. 北京：中华书局，1981：101-102.

所以缝也。从金，咸声。""针"为"鍼"的俗体，会意字，其中"十"似针形，后来简化字采用了该形体。

"德"字古文字形体演变轨迹如下：

（《甲编》74）→（《金》110）　（《金》110）→（《说文》43）

《说文·彳部》："德，升也。"但是，"德"的"升"义在古文献中均不见，故许氏之说值得商榷。下面我们尝试结合"德"字的构件和构形进行解释。从形体可见，"德"字，甲骨文从彳，从直，即甲骨文"德"字由"彳"和"直"构成。金文"德"字亦有与甲骨文同形者，但多数"德"字均增加了"心"构件，徐中舒先生认为："象目视悬以取直之形：从彳有行义。故自字形观之，此字当会循行察视之义，可隶定为徝。徝字《说文》所无，见于《玉篇》：'徝，施也。'甲骨文徝字又应为德之初文。金文德作徝，与甲骨文徝同，后增心作德，即为《说文》德字篆文所本。《说文》：'德，升也。'为后起义。"[①] 金文由"彳""直"和"心"构成。"彳"为行走之义，在这里引申为行动，一个人的德行当然要表现在行动上。那么，"直"是什么意思呢？"直"字形体演变轨迹如下：

（《新甲编》730）→（《金》833）→（《说文》267）

"直"字，甲骨文形体从目，从丨，目为眼睛之形，丨似标尺、标杆之形，"目""丨"组合会意。金文"直"字的结构发生了变化，其会意性更强了，其形体中间是　只眼睛；眼睛上方为形如标尺、标杆的工具，工具上的点表示"直着向这个方向看"；眼睛下方似直角的尺子为矩尺，以矩尺加以辅助使之更直。《说文·乚部》曰：

---

① 徐中舒．甲骨文字典[M]．成都：四川辞书出版社，1989：168-169．

"直，正见也。从L，从十，从目。"其本义为用眼睛正对着标杆、标尺测量，表示正见。

"德"字甲骨文字形左彳右直，其义表示"行走要直"，目不斜视，这样行为才能正。由此可知，"德"最初只是表示行为方面的品质。及至金文"德"字的形体中添加了构件"心"。"心"就是心脏，众所周知，我们的祖先认为心才是人的思维器官，所以涉及思维活动的汉字，多以心为形义构件。"德"字发展到金文已经有表示目光正、行为正和心术正之义了。

从甲骨文到金文，"德"字形体的演变，正是从商到周，人们思想观念发展的体现。殷商之时，人们对"德"的认识仅仅停留在目光和行动等表面行为上，到了周朝，人们的认识发展了，对"德"的要求也上升到思想方面，"行动要正直""目光要正直""心要正直"，满足这些，才能称为"有德"。

"教"字古文字形体演变轨迹如下：

𩰤 → 𤕝 → 敎

（《新甲编》204）　（《金》224）　（《说文》69）

"教"字，甲骨文、金文、小篆字形大体相同，从攴，从子，从爻，"攴"为手持棍棒形，"子"为儿童，"爻"，甲骨文形体为爻，象蓍草、算筹交错之形，本义为用蓍草或算筹交叉进行占卜、计算，"攴""子""爻"三者组合会"督责孩子学习使明通计算等道理"之意，"爻"也兼表声。至楷书，"教"字形体变为"孝""攴"的组合。"教"字的形体是受到商、周时期人们教育理念的影响，《周礼·地官司徒·保氏》："保氏，掌谏王恶。而养国子以道，乃教之六艺"。可见，当时教育的主要内容是：道和六艺。春秋战国时期，儒家提倡"孝道"，《论语·学而》："其为人也孝弟，而好犯上者，鲜矣。不好犯上，而好作乱者，未之有也。君子务本，本立而道生。孝弟也者，其为仁之本与！""弟子入则孝，出则悌，谨而信，泛爱众而亲仁。行有余力，则以学文。"《孟子·离娄上》："人人亲其亲，长其长，而天下平。"汉代，罢黜百家独尊儒术，提倡以孝治国。楷书始于汉末，"教"字从甲骨文、金文、小篆之"爻""子""攴"的组合体到楷书"孝""攴"的组合体不能简单地理解为形体的讹变，而是人们思想观念的改变影响了汉字的形体。

第二节　汉字：文化的体现

汉字的构形受到文化的制约，同样，汉字也体现了文化。罗常培先生在其《语言与文化》一书中说道："在各国语言里有许多语词现在通行的涵义和他们最初的语源迥不相同。如果不明了他们的过去文化背景，我们简直推究不出彼此有什么关系来。可是，你若知道他们的历史，那就不单可以发现很有趣的语义演变，而且对于文化进展的阶段也可以反映出一个很清晰的片影来。"[①]罗常培先生所说的是"语词"，但是这一说法，对汉字同样适用。"汉字是表意体系的文字，它的形体与意义有着直接或间接的联系。而意义又是客观事物和人的主观情感的反映，客观事物尤其是人的主观情感当然应该受到文化的影响。所以，从这个意义上讲，一般也都从这个意义上讲，汉字的形体同汉民族的文化传统有关系，而且关系密切。"[②]可以说，汉字的形体记录着中国传统文化。例如，"买、卖"二字，甲骨文、金文、小篆形体中皆有

---

① 罗常培. 语言与文化[M]. 北京：语文出版社，1989：3.
② 李索. 汉字与中华传统文化[M]. 北京：高等教育出版社，2014：16.

"贝",《说文·贝部》:"买,市也。从网、贝。"《说文·出部》:"卖,出物货也。从出,从买。""买、卖"与"贝"有什么关系呢?古代曾经以贝作为交易的媒介,所以以"贝"为表义构件的汉字——财、资、货、贾、贷、贸、赏、赐、赠、贵、贱等都和货币、财物有一定的关系。秦朝,废贝行钱,"贝作为交易的媒介物"的货币制度就不复存在了,但这种文化现象在以"贝"为表义构件的汉字形体中保存下来了。再如,"德"字,甲骨文形体由"彳"和"直"构成,金文形体由"彳""直"和"心"构成。"德"字的构形反映出古人的道德观念,所谓有"德",必须要目正、行直、心地正直。

一、衣食住行

衣、食、住、行是人们日常生活的四件大事。衣服可以蔽体、御寒,食物可以充饥,房子可以遮风避雨,三者都是人们生活的必需品。出行的目的较多,可能为谋生,可能为读书游学,可能为散心访友,不管哪种目的,都是人们生活的必要组成部分,因此,出行在人类生活中也占有重要地位。与衣、食、住、行有关的汉字比较多,我们选择几个比较典型的汉字进行分析。

(一)衣

1. 纨,绔

"绔"音 kù,"绔"不但音同"裤",而且也表示古代的一种较为初级的裤子——没有裆的套裤。细查古文字资料,我们并未发现古文字中有"裤"字,可见"裤"是后起字。"绔"字最早见于小篆,其字形如下:

(《说文》275)

从字形可见,"绔"字左为丝,右为夸,形声字。《说文·糸部》:"绔,胫衣也。从糸,夸声。"段玉裁注:"今所谓套袴也。左右各一,分衣两胫。"《释名·释衣服》:"绔,跨也,两股各跨别也。""绔"为胫衣,胫就是小腿,是从膝盖到踝骨的部分。也就是说这种古代的"裤子"只是遮小腿用的,没有膝盖以上的部分,如同现在的长筒袜,或者较长的护膝。"绔"最早为跪拜护膝之用。发展至秦汉之际,"绔"变得长一些,但是"裆部"仍然不相连,是用绳子系在腰里的。

古人的衣服是由"衣"和"裳"组成,上身穿衣,下身穿裳,女性就是长袍和裙子。《诗经·邶风·绿衣》:"绿兮衣兮,绿衣黄裳。"毛亨传:"上曰衣,下曰裳。"但是,古人的裳特别是女性的裙子之内除了内衣并不是没有其他衣服,在里面就有这种"胫衣"——绔。"绔"对女性来说就是防止宽大的裙子而导致走光。

"绔"是穿在裳的里面,一般很难全部显露,所以寻常老百姓就用粗布制"绔"。六朝时期,一些出身豪门的富家子弟为了炫富,他们的"绔"多用丝织品或者细绢制作而成。这种高级的细绢就称为"纨","纨"字小篆形体为 。《说文·糸部》:"纨,素也。从糸,丸声。"其本义就是白色的细绢。这种用"纨"所做的"绔",普通人认为太过奢侈。也正是因为"纨绔"多为富家子弟所穿着,所以,便以"纨绔子弟"指称生活奢侈又不学无术的富家子弟。杜甫在《奉赠韦左丞丈二十二韵》中写道:"纨绔不饿死,儒冠多误身",其大意为:不学无术的纨绔子弟不会饿死,有才的知识分子却大多终身潦倒。

战国时期,北方游牧民族发明的裤子传到了中原,《战国策·赵策》记载了赵武灵王胡服骑射的故事,赵武灵王为了使赵国强大,决定建立骑兵队伍,为了上马下马方便,就推行北方游牧民族的穿着——短衣、长裤(连裆)。不过,在战国时期,这种连裆的裤子只是战服，普通老百姓不穿。至唐朝全国统一，这种从游牧民族传过来的连裆的裤子开始受到大多数汉族人的青睐。但是，北方胡人的这种裤子只能穿到紧挨臀部的腰间，且下面的裤口很大，像两个布袋装着大腿，于是人们对其进行改良，大口裤改为了紧口，这种改进再配以皮靴和当时流行的长袍，穿上后显得格外精神。至此，"绔"这种"胫衣"已经不复存在了，取而代之的是"裤"。

2. 袜

"袜"字今为"襪"字的简体字，但实际上，"袜"字古已有之。《广韵·末韵》："袜，袜肚。莫拨切。"《广韵·月韵》：韈、韤、襪，足衣，望发切。

作为"足衣"义的简体"袜（wà）"字，其字形历经数次变化，有韈、韤、襪等形体。从不同阶段的字形部件我们可以窥见作为"足衣"袜子的发展演变轨迹。古形体"袜"字有"韦"构件和"革"构件的形体，《正字通·韦部》曰："韦，柔皮。熟曰韦，生曰革。"这两个构件告诉我们当时的袜子为生皮和熟皮制作而成。《韩非子·五蠹》中载："妇人不织，禽兽之皮足衣也。"远古之时人们不懂纺织，没有布料，于是就用禽兽的皮来制作成简单的衣服裹在身上，当人们用兽皮裹脚时便出现了最早的袜子。"襪"字的出现，说明袜子的制作材料开始由皮革转变成了织物。生产力极其低下的远古之时有一段时间鞋、袜是不分的，张舜徽在《说文解字约注》中云："古之韈，盖即今俗所称长筒靴子，以皮为之，连履而成。著此，不复再服布襪，故许训韈为足衣也。"① 至于具体鞋、袜不分到何时，并没有非常精确的时间。不过，在商周时期，有一些上层人士着装已经有了鞋、袜之别。《韩非子·外

---

① 张舜徽. 说文解字约注[M]. 武汉：华中师范大学出版社，2009：1336.

储说左下》云："文王伐崇，至凤黄虚，袜系解，因自结。"这里就记录了周文王在凤黄虚自己系袜带的情景。

"袜子"什么时候由从"革"变为从"衤"呢？从考古材料可见，是在秦汉时期。西汉以前的袜子都是皮革所制，此后始有丝织品制成的罗袜。1972年湖南长沙马王堆一号汉墓出土了女袜，材质为素绢；后来1975年又在湖北凤凰山汉墓出土了麻布袜。成书于西汉的《淮南子·说林训》云："钧之缟也，一端以为冠，一端以为紑①。冠则戴致之，紑则蹑履之。""缟"为白色的帛，可见西汉时期袜子的布料就已经是丝织物了。东汉时期，袜子的制作比较讲究，特别是贵族所穿的袜，上面还会织上祝福语。曹植在《洛神赋》中云："凌波微步，罗袜生尘。"这里的"罗袜"也就是丝罗材质的袜子。至宋代，因为棉花的大规模种植，袜子的材质主要是棉布料。宋代杨万里在《题王季安主簿佚老堂》曰："布袜青鞋已懒行，不如宴坐听啼莺。"在宋代还有一位诗人专门谈到了"袜材"，这个人就是苏轼，他在《文与可画筼筜谷偃竹记》中曰："与可画竹，初不自贵重，四方之人持缣素而请者，足相蹑于其门。与可厌之，投诸地而骂曰：'吾将以为韈材。'……与可以书遗余曰：'近语士大夫，吾墨竹一派，近在彭城，可往求之。韈材当萃于子矣。'"可见，宋代虽以棉布袜为主，但依然有丝罗材质的袜子。

"袜"字形体虽有"韈、襪、韤、袜"等，但是《说文》中只收录了一个"韤"字。许氏释"韤"曰："韤，足衣也。从韦，蔑声。"许氏所说"足衣"便是袜子。为何"从韦，蔑声"？许慎并未解释。后来的字书，也多从"袜"的用途来阐释"袜"字，如《释名·释衣服》："韤，末也，在脚末也。"《玉篇·衣部》："袜，

---

① "紑"为"袜"的异体字。

脚衣。"这些解释并未从字形构造上做出理据说明，前面我们已经分析了"袜"字从韦、从革的原因，下面，我们再分析"韈"中的"蔑"构件，"襪""韈""韤"三个形体皆有构件"蔑"，"蔑"不仅表音，还有示源功能。

从"蔑"之字常有"覆盖"的意思，朱骏声《说文通训定声》："幭者，覆物之巾，覆车、覆衣、覆体之具皆得称幭。"《广韵·末韵》："韈，涂拭。"《说文·水部》："瀎，拭灭皃。"这里含有"蔑"构件的字均有"覆盖"之义。由此可知，"襪""韈""韤"所从之"蔑"是指把脚覆盖起来，这便是袜子的本义了。

其实，"袜(mò)"字也有覆盖之义。如《北齐书·皇甫玉传》："显祖既即位，试玉相术，故以帛巾袜(mò)其眼，而使历摸诸人。"这里的"袜其眼"就是把皇甫玉的眼睛给蒙上。因此，"襪""袜"的造字逻辑不能仅仅释为"在脚末"，其"覆盖"之义当是造字核心，这样也解释了为什么"袜(mò)"指称女性的腰巾、抹胸等之类的内衣了。

后来"袜"字为什么作为"襪"的异体字来指称足衣了呢？因为足衣本身属于亵衣的一部分，另外"袜"字之构件"末"也恰好迎合了"脚末"之义。这样"袜"字便成了"襪"的异体字，为了与作为亵衣的"袜(mò)"相区别，读音也发生了变化，读为 wà。

"袜(mò)"字原为抹胸或腰巾之类的亵衣，抹胸也称为肚兜。这一说法主要盛行于南朝到隋唐之后的一段时间，五代马缟《中华古今注·袜肚》："盖文王所制也，谓之腰巾，但以缯为之。宫女以彩为之，名曰腰彩。至汉武帝以四带，名曰袜肚。至灵帝赐宫人蹙金丝合胜袜肚，亦名齐裆。"

从文献可见，"袜"作为女人上身的亵衣由来已久，但是"袜"字产生得比较晚，《说文》未收，起码在许慎那个时代应该没有"袜"字。"袜"见于曹植诗篇，因此产生年代约在三国之前东汉之后。

"袜"字形本表示亵衣,"韤、襪、韈"字形表示足衣,后来,"袜"字成为"襪"的异体字。汉字简化后就直接采用"袜"字而废除了"襪"字,"袜(mò)"字形所表示的亵衣之义也消失不见了,只存在于古诗词当中。如,刘缓《敬酬刘长史咏名士悦倾城诗》:"钗长逐鬟髻,袜小称腰身。"李贺《追赋画江潭苑四首》(其二):"宝袜菊衣单,蕉花密露寒。"隋炀帝杨广《喜春游歌二首》(其二):"锦袖淮南舞,宝袜楚宫腰。"卢照邻《行路难·昔日含红复含紫》:"娼家宝袜蛟龙帔,公子银鞍千万骑。"谢偃《杂曲歌辞·踏歌词》:"细风吹宝袜,轻露湿红纱。"

3. 衣,冠

"衣"现在指称穿在身上,用来蔽体御寒的东西,多用布帛、皮革或者各种纤维制作而成。就现代汉语而言,"衣""衣服""衣裳"意义之间基本没有差别。但是"衣""裳"在古文字中的含义是不一样的。《说文·衣部》:"衣,依也。上曰衣,下曰裳。象覆二人之形。"许慎认为:衣是人们赖以遮体的,上身穿的为衣,下身穿的为裳,字形如覆盖两人之状。许慎对"衣"的意义阐释是可信的,对"衣"的字形分析"象覆二人之形"因以小篆而说解,显然不妥。

"衣"字从甲骨文到小篆字形基本保持相同的轮廓,并无较大变化,且一直都形似古人的上衣。只不过在隶变的过程中笔画开始趋向平直,逐渐变形。"衣"古文字字形发展轨迹如下:

⌒ → ⇧ → 衣
(《甲编》356) (《金》584) (《说文》170)

从以上字形发展可见,"衣"字一直都突出上衣的领和大襟。

"冠"字不见于甲骨文、金文,最早见于篆文。该字为会意字,由冖、元、寸构成。"冖"字为"幂"之古字,其义为覆盖。《说文·冖部》："冖,覆也。从一下垂也。""冖"在这里引申指覆盖在头上的东西。"元"为头,"元"在甲骨文中为象形字,为人头之义。"寸"为手之义。"冖""元""寸"三部分合而会"用手把形似帽子一样的东西戴在头上"之意。后来表示动词的"冠"字出现了音变,读"guàn"。"冠"小篆形体如下:

(《说文》156)

后人根据"冠"字的字形释为"人头上很有分寸、很有讲究的帽子",此说牵强附会,错解了"寸"字。

现在我们看来"冠"与"帽"为书面语和口语的差别,可是古代二者差别很大,其用途截然不同。"冠"最初只是一个罩子,作用是固定发髻,冠上还有冠梁可以束住头发。冠的周围有丝绳用以固定头上的冠。而"帽"则不同了,《释名·释首饰》:"帽,冒也。"意思是:冒出头顶,帽子是普通人用来抵御风寒的。此外,"冠"还有一个重要的作用:识别身份。汉代有多种"冠",如武冠、法冠、长冠、进贤冠、通天冠等。而且当时"冠"是有严格规定的,不可随便乱戴。如帝王的冠,在朝会和宴会上要戴通天冠,祭祀时要戴冕冠。

随着时代的发展,到了魏晋之时,很多贵族也开始戴帽子了。至此,"冠"和"帽"就开始不怎么区分了,混而用之。

从字形上,我们可以看到古代的"衣"和"冠"与现在是不同的。"衣"字字形明显是上衣的简笔画,由领子和大襟组成。"衣"原来只指上衣,"裳"为下衣,后来才混用。"冠"由冖、元和寸组成,是用手往头上戴帽子一样的东西,为会意字,"冠"是束发髻之用,后来有识别身份之功能,"帽"则是御寒之用。魏晋之时,"冠""帽"开始混用。

4. 裘

"裘",楷书形体为上"求"下"衣",为形声字,但是"裘"字的构形从甲骨文到楷书发生了比较大的变化。"裘"字的形体演变轨迹如下:

$$\text{（《新甲编》501）} \rightarrow \text{（《金》589）} \rightarrow \text{（《说文》173）}$$

"裘"甲骨文非常形象,是对原物象即兽皮所制皮衣的勾勒,形体与"衣"相近,相对于"衣"字,"裘"字形体多了兽毛,其形把兽皮衣的物象很逼真地展现了出来。到了金文,该形体增加了构件"又",使得该字变成了形声字,也就是说新构件的加入使得"裘"由象形字转变成了形声字。后来,"裘"字的形体又出现了变化,皮衣外面的毛放到了衣内,与构件"又"粘连到了一起成为 ,此部分后演变为"求",整个字的形体就变为了 。从构形上来说,小篆"裘"字是"求"（或"又"）在"衣"内,上"求"下"衣"只是一个异体字。至楷书其形体则保留了异体字的写法,即上"求"下"衣"的构形。

"求"字后来的引申义"设法得到""需要"与兽皮之"裘"有着内在的引申关系。远古之时,人们过着衣不蔽体、食不果腹的生活,穿衣就成为一件极为重要的事情,当时植物皮或者树叶做成的衣服比较流行,也是一般人所能享有的。但是,要想得到一块兽皮衣服是非常奢侈而且难以实现的事情。因此,兽皮做的"裘"也就成了先民渴望得到的衣物,想得到"裘"的这种愿望,也就成了"渴求""需求"等词中"求"的意义来源。

(二) 食

1. 年

民间传说中,"年"是一种凶猛的怪兽,常夜晚出没,而且很有规律,每隔365天它便到人群聚居的地方找活人吃,天亮之时再返回山林。有一年岁末之时，"年"又出来了，它到一个村子吃掉了很多人，正当"年"继续行凶时，突然看到几个手持燃烧着的竹竿的小孩儿，就吓得逃窜了。后来，人们便知道"年"这种怪兽很怕红色、火光和响声，因此到了岁末每家每户都会张贴红纸、挂灯笼、燃放烟花爆竹。

"年"是怪兽，只是个传说而已，"年"其实与庄稼有关。这一点，我们可以从"年"字的字形看出来。甲骨文"年"字如下：

（《新甲编》431）

仔细看甲骨文"年"字我们会发现，其形分为上下两部分，上为"禾"，下为"人"，是一人扛着一捆庄稼的情形，人肩上背着很重的庄稼，当为"成熟庄稼"。金文中的字形与甲骨文基本相同，有些金文象形程度更高，如：

（《金》505）

"年"最初是会意字，为人在负禾。但到了小篆变为了从禾，千声的形声字了，形体为秊。《说文·禾部》："年，谷孰也。从禾，千声。""年"的本义是谷物成熟，为年成之义，现在仍然有很多地方说"庄稼收成不好"为"年成不好"。《穀梁传·桓公三年》："五谷皆熟，为有年也。"意思是：五谷丰收就叫"有年"。大丰收就是"大有年"。那么，一年的谷物收成就称之为"年成"。

因此，"年"并不是怪兽，而是谷物成熟。后来，"年"从庄稼一年一熟而引申出来表示365天的时间单位。"过年"的历史非常悠久，这种习俗是源于殷商的祭祀活动，先人经过一年的劳作，岁末之时便用农、猎的收获物来祭祀众神和祖先。这种庆祝活动之所以放到冬春交替之际,是因为春节前后是农闲之时。

2. 叔

"叔"字最早见于金文,人们对该字的解释一直都有争议。"叔"字金文形体如下:

(《金》191)

从"叔"字的金文字形可以看出,"叔"字为会意字,从弋,从^{..},从又,"又"为手,各部分构件合而会"持弋收芋"之意。郭沫若先生认为:"叔当以收芋为其初义,从又持弋以掘芋,若^{..}即象芋形。"①裘锡圭先生认为:"甲骨文'叔'字或于'弋'下加'土',以弋掘地之意更为明显。"②目前学者多从裘锡圭先生的说法,^{..}非芋而为挖掘芋时带起的土点。《说文·又部》:"叔,拾也。从又,尗声。汝南名收芋为叔。"《诗经·豳风·七月》曰:"八月断壶,九月叔苴。"此处"叔"即为"拾"义,此义为后来的引申义。

那"叔"字后来为什么用以指称"兄弟中排行较小者"呢?其实,这是假借。在甲骨文中,"叔"字与"弟"字同形,作 等形。后来为了更好地区分二字所表达的意义,大概秦汉以后便借用本义为持弋收芋的"叔"字,这样"叔""弟"二字就分开了。

3. 蒜

《汉语大字典》对"蒜"的解释是:菜名。百合科,多年生宿根草本。地下鳞茎有白皮包裹,内有小鳞茎,叫蒜瓣。根据蒜瓣的大小分大瓣种和小瓣种。大蒜种西汉时从西域传入。小蒜种由山

---

① 郭沫若. 金文丛考[M]. 北京:人民出版社,1954:242.
② 裘锡圭. 裘锡圭学术文集(第1卷)[M]. 上海:复旦大学出版社,2012:69.

蒜（蒿）移栽，从古已有。蒜苗、蒜薹作蔬菜，蒜头作作料和入药。①"蒜"包括蒜苗、蒜薹和蒜头，蒜苗和蒜薹为蔬菜，蒜头是常见的佐料。《说文·禾部》对"蒜"的解释是："蒜，荤菜。从艸，祘声。""荤菜"之说怎么解释？"蒜"字最早见于小篆，其形体如下：

（《说文》25）

"蒜"为形声字，从艸，祘声。"祘"为算、筭的本字，而"祘"之初形并非由二"示"构成，最初当是纵横的算筹，六纵四横，形体偶与二"示"相近才讹写为"祘"。蒜，有大蒜和小蒜之别。大蒜，就是我们现在农户所种的多瓣的蒜；小蒜，相当于野蒜。李时珍在《本草纲目》中说："家蒜有二种：根茎俱小而瓣少，辣甚者，蒜也，小蒜也；根茎俱大而瓣多，辛而带甘者，葫也，大蒜也。"可知，大蒜、小蒜之别不光在于个头的大小，还在于味道。另外，大蒜为外来之物，从西域传来的，所以李时珍说是"葫也"。许慎说"蒜"是荤菜，颜师古对《急就篇》所做的注也说："蒜，大小蒜也，皆辛而荤。"按照现在荤菜的概念，这种归类确实有点让人难以琢磨。"荤"字最早见于小篆，其形体如下：

（《说文》16）

我们从字形上看，"荤"本与肉没有关联，而与植物有关。《说文》释"荤"为"臭菜也。"所谓的"臭"指的是气味。"荤"的本义就是葱、姜、蒜等具有强烈刺激性味道的蔬菜。佛教、道教皆

---
① 《汉语大字典》编辑委员会.汉语大字典[M].成都：四川辞书出版社，1986：3475.

有"五荤"之说,李时珍在《本草纲目》中说:"五荤即五辛,谓其辛臭昏神伐性也。练形家以小蒜、大蒜、韭、芸薹、胡荽为五荤,道家以韭、薤、蒜、芸薹、胡荽为五荤,佛家以大蒜、小蒜、兴渠、慈葱、茖葱为五荤。"因此,古人所说"荤菜"皆指有刺激性气味的调味菜。

随着"荤"字意义的不断演变发展,其意义当中的"辛""腥""较重味道"的义项不断凸显,就有了更为常用的"荤腥""荤膳"等用法。后来,"荤"就与"素"相对指称肉类了,其本义则离我们越来越远。

4. 汤

现在"汤"多指食物加水煮熟后的汁液,比如"鸡蛋汤""牛肉汤""罗宋汤""面汤"等。而古时的"汤"专指"开水"。《水浒传》第七回中有这样的情节:高太尉为给儿子报仇,绞尽脑汁要陷害林冲,他使出阴招诱使林冲进入"白虎堂",以此为借口欲将林冲定为死罪。后来,在林冲家人打点之下,开封府把林冲发配到沧州牢城。谁知高太尉害林冲之心不死,买通了解差董超、薛霸,指使他们路上结果林冲性命。一日,他们投宿在一家客栈,董超、薛霸二人把林冲灌醉,然后烧了一锅"百沸滚汤",倒在盆里,二人把林冲的脚按在这"滚汤"里。至四更,董超、薛霸二人烧了"面汤",然后烧火做饭。用完饭后,董超、薛霸二人又给林冲穿了一双新草鞋,存心折磨林冲被"滚汤"烫过的脚。这里,林冲洗脚的"滚汤"就是开水;董超、薛霸烧的"面汤",就是洗脸水,"面"是"脸"的意思。"汤"表示"开水"的含义就体现在其古文字形体中。"汤"字古文字形体如下:

(《金》738)（《说文》235）

从金文和小篆的字形可见,"汤"字是形声字。字形从金文至小篆变化不大,左为"水"形,右为"昜"。"昜"字甲骨文字形如下:

(《新甲编》551)

及至发展到金文,"昜"字则与"汤"字右半部分相同,其形作:

(《金》667)

从字形看,"昜"字"从日,从彡"或"从日,从丁"会意,意思为"阳光下射"。"汤"字,左水右昜,当为会意兼形声字,会太阳照射水面,水温便升高,因此"汤"本义为热水。《说文·水部》:"汤,热水也。"《孟子·告子上》有云:"冬日则饮汤,夏日则饮水"。由此可知"水"为冷水,"汤"为热水。

5．酒,配

自古以来,无酒不成席,"酒"是宴席中的必备品。"酒"字,由"氵"和"酉"组成,"氵"为液体,"酉"是酒器。

"酉"字古文字形体为象形,即便是从楷书字体亦能看出其似酒器之形。"酉"字古文字形体演变轨迹如下:

(《新甲编》835)　(《金》1000)　(《说文》311)

从形体看,"酉"字的酒器之形非常明显,甲骨卜辞中也常借"酉"表示"酒"。甲骨卜辞中亦有"酒"字,与"酉"本当为一字,但"酒"字多用为地名或祭名,用为祭名,源于酒在祭祀时为常用的必需品。郭沫若在《甲骨文字研究》中说"酉"的甲骨文变体较多,但大体形似"壶尊之象"①,又说"古金及卜辞每多假以为酒字"②。《说文·酉部》:"酉,就也。八月黍成,可为酎酒。"许慎把"酉"释为成熟,认为八月酿酒之黍已经成熟,并以此认为"酉"为酉月之酉,此说为附会"八月为建酉之月"的说辞,实不可信。"酉"表示地支的第十位,是假借。

"酒"字的古文字形体演变轨迹如下:

"酉"本为"酒"字,当"酉"借为地支用字后,在"酉"字的基础上加"氵"为"酒",与表器皿之"酉"区分开来,金文又多用字形"酉"。《说文·酉部》:"酒,就也,所以就人性之善恶。从水,从酉,酉亦声。一曰造也,吉凶所造也。古者仪狄作酒醪,禹尝之而美,遂疏仪狄。杜康作秫酒。"许慎之说解,为声训,带有相当强的主观色彩,但从中,我们也能发现一些关于"酒"的文化信息。相传,仪狄是我国最早的酿酒人,《战国策·魏策二》:"昔者帝女令仪狄作酒而美,进之禹,禹饮而甘之,遂疏仪狄,绝旨酒。曰:'后世必有以酒亡其国者。'"也就是说,早在夏朝的时候,我们的祖先就已经掌握了酿酒的技术,而且对"酒"有了深刻的认识。杜康是周人,酿造"秫酒",因为他酿造的酒非常好喝,因此后人称好酒为"杜康"。曹操《短歌行》:"何以解忧?唯有杜康。"陶渊明《述酒·序》:"仪狄造酒,杜康润色之。"

"酒"在古代,不仅是宴席中的必备品,在祭祀活动中也有非常重要的地位,《周礼·天官冢宰·酒正》:"凡祭祀,以法共五

---

① 郭沫若. 甲骨文字研究[M]//郭沫若全集:考古编(第一卷). 北京:科学出版社,1982:215.

② 郭沫若. 甲骨文字研究[M]//郭沫若全集:考古编(第一卷). 北京:科学出版社,1982:216.

齐三酒，以实八尊。大祭三贰，中祭再贰，小祭壹贰，皆有酌数。唯齐酒不贰，皆有器量。"

"配"字的本义为配酒，其古文字形体演变轨迹如下：

（《新甲编》837） → （《金》1002） → （《说文》312）

"配"甲骨文、金文皆形似一人跪坐在酒罐旁，及至战国"卩"逐渐变为"己"。从形体可见，"配"字从酉，从卩，左半部分之"酉"为酒，右半部分的构件"卩"为跪坐人形，会意字，"酉""卩"组合会"配酒"之意。《说文·酉部》："配，酒色也。从酉，己声。"段玉裁注："'酒色也'，本义如是。后人借为妃字，而本义废矣。妃者，匹也。"段玉裁之说肯定了"配"的本义为配酒，而非有的学者所说的"妃"。"妃"的本义为配偶。《说文·女部》："妃，匹也。"段玉裁注："人之配偶亦曰匹。妃本上下通称，后人以为贵称耳。"

如何配酒呢？甲骨文形体可见，"酉"中有酒滴状，这就显示出人们在对酒进行调配，使酒的成色更好。酿酒是一个复杂的过程，如今我们也同样延续先人调制酒的一些必要工序。初成之酒浆成色、浓淡并非人们所要达到的程度，于是，先人们就对酒进行调配。《礼记·内则》："饮：重醴，稻醴清、糟，黍醴清、糟，粱醴清、糟"，孔颖达正义曰："此稻、黍、粱三醴各有清、糟，以清、糟相配重设，故云'重醴'。"

（三）住

1. 宀，宅

"宅"字楷书形体上"宀"下"乇"，上部"宀"即房屋之形，很多与房屋相关的汉字都有"宀"这一构件，比如家、室、宇、宫、安等。

"宀"现在不是一个独立的汉字，但在甲骨文中它是一个独立的形体，读作"mián"。"宀"字的古文字形体如下：

（《新甲编》439）

从甲骨文形体可见，"宀"象房屋之形。《说文·宀部》："宀，交覆深屋也。象形。"王筠认为"宀"字"乃一极两宇两墙之形也"。这一说法很形象，"宀"即对房屋大致轮廓的简单勾勒。

通过对比甲骨文"向"字，我们也可以看出"宀"字象房屋之形。"向"，《说文·宀部》："向，北出牖也。从宀，从口。""向"本义为向北开的窗户。甲骨文、金文"向"字形体如下：

（《新甲编》441）（《金》513）

可见，"向"字的外面即"宀"，象一所房屋之形，中间部分是一扇窗户。

从甲骨卜辞用例可见，"宀"与"宅"常互用，于省吾先生对"宀""宅"进行过考证，并列举出卜辞例证，指出"宀"即"宅"之初文。但是，"宀"与"宅"在用法上的区别也是很明显的，"宀"多为名词，"宅"则常用为动词，卜辞中的"宅东寝""宅新寝"都是居住于宅舍之义。"宀"为"宅"之本字，后者由前者滋生而来，后二者逐渐合一，"宀"字消失，只作为构字部件存在，"宅"字则融合了"宀"的意义并不断发展演变。

"宅"字甲骨文、金文形体分别为 、 。关于"宅"字中的"乇"，目前仍存在很大争议。于省吾先生认为"乇"为祭名，亦是用牲之法，且有辞例佐证。《说文·乇部》："乇，艸叶也。从垂穗，上贯一，下有根。象形。"许氏认为"乇"为草叶。

我们认为，"乇"为初生破土之草或植物，这可从与"亳"字形体的对比中看出。"宅"的甲骨文、金文形体如下：

（《甲编》245）　（《金》374）

从"宅"字形体可见，其中表示植物叶根部分的大致轮廓基本相近，特别是甲骨文"宅"下"乇"更似一株初生植物。"乇"下部根较长，上部的叶茎比较嫩小。初生之植物逢春破土而出，有嫩绿的叶及根茎，此时有所依托依附才能茁壮成长。

"宀"与"乇"两相会意，"宅"之本义就是住所、住处。《尔雅·释言》："宅，居也。"《玉篇·宀部》："宅，人之居舍曰宅。"《正字通·宀部》："今谓屋为宅。""宅"对于古人而言，是寄托依靠，《尚书·多方》曰："今尔尚宅尔宅，畋尔田"。孔颖达正义："今尔殷之诸侯尚得居汝常居，臣民尚得畋汝故田，其安乐如此，汝何得不顺从王政，以广上天之命，而自怀疑乎？"由此可见，民之有"宅"方可安居乐业。《说文·宀部》："宅，所托也。"以"乇"为初生之植物依附于土地即托地而生，来比拟人对所居之处的依赖并以此为根。古人造字多借物喻指，"宅"字以植物为借喻对象，而"家"则以动物为借喻对象。

2. 家

家，现在一般指家庭的住所。"家"字甲骨文、金文形体如下：

（《新甲编》439）　（《金》510）

从形体看，"家"字的构形一目了然，房屋下一"豕"。这一组合虽简单，但古代学者对此构形却有着诸多争议。《说文·宀部》："家，居也。从宀，豭省声。"许氏把"家"处理为简单的形声字，就是认为"家"与"豕"并无关系，于是才说"豭省声"。段玉裁对"家"字也是充满了疑惑，他在《说文解字注》中指出："此字为一大疑案。豭省声读家？学者但见从豕而已。从豕之字多矣，安见其为豭省耶？何以不云叚声，而迂回至此耶？"很显然，段氏对"豭省声"的说法并不满意，接着段氏提出了自己的看法，他说："窃谓此篆本义乃豕之居也，引申假借以为人之居。……豢豕之生子最多，故人居聚处借用其字。"段氏认为"家"的本义是"豕之居"，也就是猪圈，由猪圈又引申为人的居住场所。这种说法是受到了"牢"字的影响，"牢"本义为养殖牛、马等牲畜的圈栏，后引申指约束、关押人的"牢狱"之"牢"。但是，段氏之说也存在疑点，我们对比甲骨文"家""牢"的形体便知。

（《新甲编》439）（《新甲编》49）

若二者本义均为牲畜之圈栏，那么其构形应该基本相同。可是，"家"上显然迥别于"牢"，"家"上为房屋之形，"牢"上是圈栏的形象。段氏认为猪产崽儿最多，以此比喻儿孙满堂，这一说法显然也是主观臆断。甲骨文、金文中其实存在猪之居所的字形，该字为"圂"。其形体如下：

（《新甲编》389）（《新金编》796）

许氏和段氏对"家"字解释难以令人信服，学者们又另辟蹊径分析"家"之义。不少学者认为，上古时期，人们曾以畜牧业为主，基本每个家庭都会养殖家畜。

猪是当时最为常见、最为普通的家畜，久而久之，"猪"就成了家中标志性的东西,以"豕"为构件的"家"字也就产生了。徐灏《说文解字注笺》:"家从豕者,人家皆有畜豕也。"罗常培先生在其《语言与文化》说道:"不过照我推想中国初民时代的'家'大概是上层住人,下层养猪。现在云南乡间的房子还有残余这种样式的。"①但也有学者认为这种说法并不合理,"如果'家'之本义为'家庭',即使在以养猪业为主的上古社会,人们对于'家庭'的认识,也总是'人先于豕,人重于豕',古人造字,何以不以'人'会意,而偏偏以'豕'会意呢?"②我们也认可"家字,从宀从豕"的观点,"不以人会意,而以豕会意"的例子在汉字中比比皆是,前面我们提到在以畜牧业为主体的上古社会,古人常常选择"羊、狗、马、牛"等被人们驯化的动物作为表义构件并在此基础上孳乳出大量的汉字,其中,很多汉字都是本来指称动物的特征、动作,而后转指人的特征、动作,这样看来,"不以人会意,而以豕会意"也是符合造字常理的。

虽然"家"字本义还有争议,但是我们从"家"的构形中却能看到古代"家"的文化信息。

"家"与"宅"都有住所之义,但是二者也有区别:家人居住在一起的地方便可称之为"家";而"宅"则有家庭或家族根基之说。这一区别,从其所从之物——"豕"和"乇"中便可看出。"宀"中有"豕",便为"家","宀"下有"乇"即为"宅",有了"宀","乇"才有根基之依托,所以"宅"字有寄托、依靠之情蕴含其中。

3. 宫,室

"宫"字为象形字,形似房屋中有两居室。"宫"字甲骨文、金文字形如下:

---

① 罗常培. 语言与文化[M]. 北京:语文出版社,1989:10.
② 苏宝荣. 释"家"[J]. 河北师范大学学报,1992(2):24.

(《汉语字形表》295) (《金》539)

从字形清晰可见房屋之形及屋内的居室，二"口"形本来相通，写作⊟，后来把其分开为两"口"。其实，屋下表示居室的形状并不统一，甲骨文为方形，金文多为椭圆形，而战国文字有三角形状。《说文·宫部》："宫，室也。从宀，躳省声。"许慎把"宫"看作是形声字，其实是有问题的，"宫"为象形无疑。《玉篇·宫部》："室也，中也，人所居也。"《左传·僖公二十八年》："令无入僖负羁之宫而免其族，报施也。"以上释义和文献证明"宫"为居室的通称，并无尊贵之义。

"室"为会意兼形声字，其古文字形体演变轨迹如下：

(《新甲编》440) → (《金》511) → (《说文》150)

甲骨文、金文、小篆"室"字字形基本相同。从宀，从至，至也表示读音。"宀"是房子，"至"，甲骨文形体为：，似一支箭落在地面上的样子，以此表示到来、到达，"宀"和"至"组合会"人到了可以安止的地方"之意，因此，"室"就是居室、卧房的意思。《说文·宀部》："室，实也。从宀，从至。至，所止也。"徐锴《说文解字系传》进一步说明："堂之内，人所安止也。"玄应《一切经音义》卷六："户外为堂，堂内为室。"可见，古代的房子，堂在外，室在内；堂在前，室在后。《论语·先进》："子曰：'由之瑟，奚为于丘之门？'门人不敬子路。子曰：'由也升堂矣，未入于室也。'"孔子先是批评仲由鼓瑟的技艺不够好，孔子的其他学生因此而不尊重仲由，孔子又表扬仲由已经"升堂"，只是"未入于室"罢了，也就是说仲由鼓瑟的技艺已经基本掌握，只是还不够精深。成语"登堂入室"也因此而产生。孔子的教育方式可谓高明，对待学生，既贬又褒，实事求是，恰如其分。我们现在用"登堂入室"比喻学问或技能从浅到深，达到很高的水平。之所以产生这样的比喻义，是因为"堂"和"室"的特征，"堂"在外，"室"在内，因而，必须先登上厅堂，而后才能进入内室。

"宫""室"最初的含义基本一致，《尔雅·释宫》："宫谓之室，室谓之宫。"从商周开始"宫""室"有了一定的区别，《尚书·大诰》曰："民不静，亦惟在王宫邦君室。"这里就指出了王居"宫"，而邦君则为"室"，已经有了明显的等级区别。自秦代之后，"宫"专指皇帝的宫殿。

4. 门，户

"门户"作为一个词，是"门"的总称，后来又引申为"家庭""派别"之义。"门"和"户"在古代也都指"门"。"门"字的古文字形体演变轨迹如下：

門 → 門 → 門
（《甲编》465）（《金》767）（《说文》247）

从"门"字形体可见，"门"由简易的两扇门组成。《说文·门部》："从二户。象形。""门"的本义就是双扇门，是设在房屋等建筑物的出入口以控制进出的装置。后来，"门"字意义不断引申，可以指称像门的东西，比如闸门、球门、气门等；关卡，比如国门、玉门关、虎门等；指称解决问题的途径，比如窍门、门路等；类别，比如师门、五花八门等。

但是，作为实体的门，一定是指称具有两扇门的合体，一扇门古代并不称"门"，而是称"户"。"户"字古文字形体如下：

户　　戶
（《新甲编》674）（《说文》247）

"户"字与"门"字对比可知，形似单扇门。《说文·户部》："户，护也。半门曰户。象形。""户"古常用来指称内室的门。《诗经·小雅·斯干》:"筑室百堵,西南其户。"其大意为:准备营造规模宏伟的建筑,在宫室西南方位大开门户。

"门"所指的范围比较广,可以是城墙的门,院子的门,当然也可以是宫室的门,而"户"一般只指宫室的门,也即内室的门。后来,"户"指称门的意义逐渐转移到"门"字上,"户"在现代汉语中,表示"门"的意思时,一般是以语素的身份出现的,如"门户""户外运动""足不出户"。

5. 因,宿

"因"字的古文字形体和意义与"住"有着很大关系。"因"字的古文字形体演变轨迹如下:

(《新甲编》388)　(《金》426)　(《说文》129)

"因"字从构形上看,由两个构件构成,"大"和"囗"或"众","大"为躺卧之人形,"囗"或"众"象人躺卧之时身下所铺的垫子或席子之形。《说文·口部》:"因,就也。"朱骏声《说文通训定声》:"江氏永曰:象茵褥之形,中象缝线文理。"许慎的解释是"因"后来的引申义,即依靠、凭借。"因"字形体似一人躺在所铺设的垫子或席子上,其本义为茵褥,名词。构件中表示席子或垫子的"囗"并非都是方方正正的,也存在不规则图形,这应该和最初的茵褥形体不一有关,有的像展开的衣服,有的为人形。当时用兽皮做茵褥,为了节约材料,会参照人的衣服或者人躺卧所占空间来制作,例如,甲骨文有形,金文形,但该字的造字逻辑是相同的。最初表示名词的"因"为何还要加入构件"大"呢?其实,这与造字时构件的辅助表义功能有关,虽然"囗"形体所反映的物象为茵褥,但是没有构件"大"作为辅助,就无法准确传达意义,因为构件"囗"所描绘的物象并不唯一。"因"字形体的变化反映出古代先民寝具不断变化的事实。

"宿"字楷书形体构件为"宀""亻""百",有人认为该形体所体现的意义是一个屋子里住着一百人,这一说法确实和我们现在的宿舍比较吻合。这种解释对于记忆汉字有很大的帮助,但是作为造字理据是站不住脚的。要弄清楚"宿"字的意义还要从其古文字形体来分析,"宿"字古文字演变轨迹如下:

(《新甲编》444) → (《金》528) → (《说文》151)

从构形模式上讲,"宿"字为合体象形字,构件有"宀""亻""日",构意为"人在房子里躺在席子上睡觉",其本义为夜晚睡觉。《说文·宀部》:"宿,止也。"后来,"宿"字由夜晚睡觉引申为住所。

(四)行

1. 行,走,奔

《现代汉语词典》(第7版)对"行"的解释为:走。但在古代,"行""走"是不一样的。

"行"字的形体演变轨迹如下:

(《新甲编》116) → (《金》120) → (《说文》44)

甲骨文、金文都象十字路口之形。所以,"行"的本义是四面通达的道路。《诗经·周南·卷耳》:"采采卷耳,不盈顷筐,嗟我怀人,置彼周行。"这里的"置彼周行"就是女子把筐放到道路边儿。路是供人走的,所以"行"这个形体也用来指"行走",表示"道路"和"行走"时,"行"字的读音是不同的,前者读"háng",后者读"xíng"。

"辵""彳"都与"行"有关,"辵"甲骨文形体为 ,"彳"为 形体的左半部分。"辵",会意字,甲骨文从行,从止。"行"

为路口，"止"是"趾"的本字。"行""止"组合起来会"在路上行走"之意。"辵"，在现代汉语中不单用，只作为构字部件，即"辶"，凡以"辶"作为表义构件的汉字都与行走有关，如：过、迈、进、还、返、逡、巡、追、逃、逐、逛、道等。"彳"，象形字，甲骨文、金文形体同"行"，象四面通达的道路之形，小篆形体当是半条道路变化而来的。所以，"彳"的本义为道路，后引申为小步行走。《说文·彳部》："彳，小步也。"所释即引申义。张衡《舞赋》："搴兮宕往，彳兮中辄。""彳"如今同"辵"一样，较少单独使用，多以构件参与构形，凡从"彳"之字都与道路、行走有关，如：径、徙、徜、徉、往、徐、徬等。

"走"，在古代是"跑"的意思，我们从"走"的古文字形体中就可以看出来，"走"字的古文字形体演变轨迹如下：

夨 →　𧺆 →　走
（《新甲编》75）　（《金》79）　（《说文》35）

"走"字，甲骨文象一个人甩动双臂，大步奔跑之形，金文由两部分组成，上半部分仍然似一个人奔跑之状，下加"止"，"止"是"脚趾"的意思，上下组合会"奔跑"之意。小篆同金文。《说文·走部》："走，趋也。从夭、止。夭止者，屈也。"所以，"走"字的本义为奔跑。《山海经·海外北经》记载："夸父与日逐走，入日。渴欲得饮，饮于河渭，河渭不足，北饮大泽。未至，道渴而死。弃其杖，化为邓林。"这里"与日逐走"中的"走"就是追着太阳跑的意思。《韩非子·五蠹》："宋人有耕者，田中有株，兔走触株，折颈而死；因释其耒而守株，冀复得兔，兔不可复得，而身为宋国笑。""兔走触株"中的"走"显然也是"跑"的意思，若为"走"义，兔不可能"折颈而死"。

《释名·释姿容》："徐行曰步""疾行曰趋""疾趋曰走""疾走曰奔"。"行"包括步、趋，"步"相当于我们今天的慢走，

"趋"相当于我们今天的快走。"走""奔"相当于我们今天的"跑"。

"奔"字本义为急走、跑,楷书形体已经不见其构形理据。其古文字形体如下:

(《金》701)　(《说文》214)

"奔",金文构形部件为"夭"和三"止",有的金文形体还添加了构件"彳",表示该动作与道路或行走有关。"夭"为甩开两臂快走、快跑之形,下面三"止"表示很多只脚,以突出快跑之义。《说文·夭部》:"奔,走也。""奔"与"走"皆由构件"夭"和"止"构形,但从字形可知,"奔"从"三止",速度快于"走"。

2. 出,各

"出"字今形体似二山相摞,因此有人认为"出"字与"重"字的意义有误,"出"当是"重"义,"重"当是"出"义。持这种观点的人认为:二山积在一起表示"重","重"为出门行千里。其实,这是在没有分析古文字形体的基础上做出的戏说汉字,当然是不可靠的。"出"字的古文字形体演变轨迹如下:

(《新甲编》377)　(《金》419)　(《说文》127)

从"出"字的古文字形体可以清晰地看出,形体中并无"山"形。"出"甲骨文、金文形体上面为"止",下面为"凵","止"为人之足,"凵"为穴,远古之时人们挖穴而居。"止"字脚趾与居所方向相反,以此表示离开居所,走出去之义。《说文·出部》:"出,进也。象艸木益滋,上出达也。"《集韵·至韵》:"出,自内而外也。""出"字至小篆仍清晰可见止、凵,但到了隶书就发生了形变,与楷书"出"逐渐接近。

"各"字现在多用为指示代词或副词,其义为某个范围内的所有个体、分别，例如：各人、各家、各县、各区、各村、各尽所能。"各"的本义为到来，"各"字是与"出"字相对而造的。"各"的铭文用例，如商末帝辛时器宰椃角铭文："王才麤，王各宰椃从。"西周中期铜器颂鼎铭文："且，王各大室即立。"这两处铭文中的"各"均为"到来"之义。再如"贞：王其各……叀辛，王弗每。"（《合集》38727）

有的学者认为，"各"字形如脚趾踏于独轮车上。"口"为"○"（轮子）的讹变，因为甲骨用刀不便刻成圆形，所以才讹变刻写成似"口"之行。独轮车是无辐的椎轮，古代社会只有独轮车而没有两轮大车。因此，"客"字，就是乘坐独轮车到别人家做客的形象描述；"路、络"是独轮车行走于路上。这种说法显然是有问题的，原因有三：第一，甲骨文虽刻写不便，但是"车"字、"雷"字等字形，圆形轮子仍清晰可见，并未刻写为似方形的"口"。第二，独轮车出现之前，"各"字已经造出上千年了。根据汉代画像和一些文字记载，独轮车的发明应该在西汉晚年，当时称之为"鹿车""辘轳车"。在四川成都一带发现年代为 118 年的墓中壁画，其中就有推着独轮车的人。这种独轮车在甲骨文时期是不存在的，当时人们还是以容易保持平衡的双轮车为交通或战争工具，"车"字的甲骨文形体也是最好的佐证。第三，乘坐独轮车去做客，不但费力，而且让人觉得不可理解。独轮车多是载货之用，只是偶尔载人，把坐着独轮车去别人家做客看作常态，实在是牵强。另外，从字形上看，上为脚趾，下为一轮，若是人和独轮车的减省，那减省部件也确实太多。况且，古时走亲访友是以徒步为主，坐独轮车至少是在西汉以后的事情。

那么，"各"字的字形究竟是如何表示意义的呢？甲骨文、金文字形是分析字义最为可靠的证据。我们看一下"各"字的甲骨文与金文字形：

（《新甲编》60）（《金》73）

从字形可见，"各"字由两部分构成，上为"夂"，为倒着的脚趾，象对面走来的人的脚趾之形；下为"口"，此"口"当为古人穴居之时的房屋，或为当时的地窖，远古之时穴居生活是比较普遍的。两部分相合而会"到来"之意。

为了进一步说明"各"由脚趾和穴居房屋或者其他房屋的出口构成，我们将"各"与"出"二字字形进行对比分析，以进一步明确"各"字之本义。"各"字与"出"字字形对比如下：

（《新甲编》60）　（《新甲编》377）

由上图可见，"各"脚趾向下即向内，寓"到"之义；"出"字则脚趾方向向外，为脚在门口向外走的形象，离开地穴。"各"与"出"在造字之时互为参照。若也按照上述"乘坐独轮车"的说法来解释"出"，显然是行不通的。《说文·口部》："各，异辞也。从口、夂。夂者，有行而止之，不相听也。"许慎从字形释义，认为"夂"的意思是行走和停止，也就是说有人使之行走，又有人使之停止，谁也不听谁的，以此表示不同个体的言辞。许慎之说显然不是"各"之本义，而是后来的引申义。

"客"与"各"同源，"客"字的字形可以证明我们上面的分析。"客"字金文字形如下：

（《金》530）

从字形可见,"客"为会意兼形声字。字形从宀,从各,"宀"为房子,"各"为到来,几部分相合以"从外面来的人"会"宾客"之意。

3. 车

"车"字形体发展轨迹如下:

(《甲编》531) → (《金》929) → (《说文》301)

从"车"的古文字形体可见,象马车或牛车之形:上边似套马牛的车軛和车衡,中间的一竖是车辕,两侧的圆圈是车轮,车轮中间的一横是车轴。古时常常车马不分,有车必有马或者牛。因此,"车"字的形体在构造初期也考虑到了马或者牛的位置。《说文·车部》:"车,舆轮之总名。夏后时奚仲所造。象形。"段玉裁注:"车之事多矣,独言舆轮者,以毂、辐、牙皆统于轮,轼、较、轸、轵、轛皆统于舆,輈与轴则所以行此舆轮者也。故仓颉之制字,但象其一舆两轮一轴。许君之说字,谓之'舆轮之总名',言轮而轴见矣。浑言之,则舆轮之总名,析言之,则惟舆称车,以人所居也,故《考工记》曰'舆人为车'。"

郭沫若先生对"车"的解释是这样的:"二车字一作🚗,一作🚗。前者象双轮一辕,辕端有衡。亦有作🚗者,于衡之两端更有二軛,所以叉马颈者也。观此可证殷人一车只驾二马。后者象两轮之间有箱,均车之繁文。"①通过"车"字形体可见,当时的车多为双轮一辕,多数还有套马的軛。据考证,战国时期已出现双辕车。

"车"字的形体后来不断减省,只用一轮来表示"车"。这种减省抓住了"车"字中的核心"轮",达到了经济简洁的效果。

---

① 李孝定. 甲骨文字集释[M]. 台北:台湾"中研院"历史语言研究所,1970:4114.

其实，在甲骨文中，"车"字的形体比较多。"车"字形体多变，一方面这和早期甲骨文本身并没有完全定型有关，因此形体上往往会有不同的变化；另一方面不同的形体也代表着不同的意义。甲骨文中不同形体的"车"字如下：

（《诂林》8920）

甲骨刻辞按照内容可以分为两大类，这两类分别是：占卜刻辞和记事刻辞。在这两类中又以占卜刻辞为主，占据了甲骨刻辞的大部分，其主要是关于贞卜年成、气象、外出、征战、祭祀、疾病、吉凶等情况的。记事刻辞则比较少，多是记载田猎、征战、赏赐等内容的，而且这类刻辞多集中出现在帝乙、帝辛时期。如下面这篇记事刻辞就记载了中国最早发生于帝王打猎时的交通事故，而且非常惨烈。上文我们说到的不同形体的"车"字在该刻辞中体现就非常明显。该刻辞就是武丁时的"甾车"，叙事意味很强：

癸巳卜，𣪘贞，旬亡祸？王占曰：乃兹亦有祟，若称。

甲午，王往逐兕，小臣甾车，马俄，驭王车，子央亦坠。[①]

（《合集》10405 正）

这段刻辞的大致意思是：癸巳日占卜，𣪘贞问，后一旬十天里有灾祸吗？王根据卜兆说：如今也有灾祸。王（也就是商王）追赶

---

① 参见王晓平. 国际中国文学研究丛刊（第二集）[C]. 上海：上海古籍出版社，2013：295.

猎杀一头犀牛,"兕"即犀牛。行进途中小臣甾的马车突然发生了倾斜,然后就撞翻了王的车,王就从车上坠落了下来,同坐的子央也从车上坠落了下来。

为了清晰地辨别该卜辞中两个"车"字形体的不同,我们把拓片放置于下:

(《合集》10405 正)

从拓片可以看出,卜辞中的两个"车"字差别很大,第一个"车"字我们放大后如下:

(断轴的"车"字)

这个"车"字描写的就是小臣甾的车,车轴因马跑偏而断裂,非常惨烈,现场一定是一个轮子飞了出去。该"车"字与正常"车"字有别,是表示断裂车轴的车。同样,第二个"车"字则是车厢朝下之形,因被小臣甾碰撞而翻车。

(车厢朝下的"车"字)

这段卜辞受到了不少学者的关注，因为其叙事较为完整，包含了叙事的基本要素：时间、人物、事件。具体地说，该卜辞后半段记述的是一次突发事件：时间为甲午日，也就是占卜日的第二天，目的就是猎杀犀牛；事件中的人物有三人：武丁、小臣和子央。小臣是王身边的官员，在这次打猎中他负责驾车，子央则是王族成员，"子"为氏，商王为子姓，"央"是其私名，另一说"子央"为武丁之子。突发事件的起因是小臣的马车倾斜，撞上了王的车，致使王从车上坠落。比较有趣的是，该卜辞中最后一句"子央亦坠"很耐人寻味。前文并未提及他人坠落，为何用"亦"字呢？其实，这里用了互文见义的修辞手法，目的就是为王避讳，直接记录王从车上坠了下来，王岂不是非常没有面子？所以索性就不直接提及王坠落。王的车上有两人，即王和子央，说"子央亦坠"，言下之意，王也从车上坠落了下来。

二、婚姻嫁娶

（一）归

婚姻之事，历来都是家之大事，"男大当婚，女大当嫁"。《诗经·周南·桃夭》云："桃之夭夭，灼灼其华。之子于归，宜其室家。"其中，"之子于归"说的是姑娘要出嫁。"归"字的繁体字为"歸"。其甲骨文、金文、小篆形体如下：

（《甲编》56）　（《金》85）　（《说文》38）

"归"字，甲骨文形体从帚、𠂤声。西周金文增添构件"彳"和"止"，"彳"为"行"的左半部分，"止"是脚的意思，所以二者为示动符号，突出行动之义。小篆形体省去"彳"构件。《说文·止部》："归，女嫁也。从止，从妇省，𠂤声。""归"的本义是女子出嫁。《国语·晋语四》："秦伯归女五人"。其中"归"就是"女子出嫁"的意思。

"归"字"从止，从婦省"，"帚"本为"婦"，省略为"帚"。"从婦""从止"如何表示女子出嫁呢？

"婦"是个会意字，"女""帚"二构件组合会"妇女持帚洒扫"之意。《说文·女部》："从女持帚洒扫也。"古代男主外，女主内，女子嫁人后主要在家从事洒扫之类的工作，所以，"妇"的本义是已经出嫁的女子。

"止"构件是"脚"的意思，其与金文形体中"彳"的作用是一样的，都是突出"归"字的动作之义。"婦""止"组合会"女子出嫁"这一行动。

《公羊传·隐公二年》："妇人谓嫁曰归。"何休注曰："妇人生以父母为家，嫁以夫为家，故谓嫁曰归"。出嫁的妇人返回娘家曰"来归"，《穀梁传·成公五年》："妇人之义，嫁曰归，反曰来归。"

（二）婚，姻

《现代汉语词典》（第7版）对"婚姻"的解释是："结婚的事；因结婚而产生的夫妻关系"[①]。对"嫁娶"的解释是："女子出嫁与男子娶妻，泛指男女成婚"[②]。《现代汉语词典》（第7版）对二者的解释均指出了结婚之事，但对于"婚姻"和"嫁娶"的内在区别，我们仍是一头雾水。下面我们从汉字构形和意义两个方面分析一下古代"婚姻"和"嫁娶"的不同。

"婚"字，《说文·女部》曰："婚，妇家也。《礼》：娶妇以昏时，妇人阴也，故曰婚。从女，从昏，昏亦声。""婚"为会

---

① 中国社会科学院语言研究所词典编辑室.现代汉语词典（第7版）[M].北京：商务印书馆，2016：588.
② 中国社会科学院语言研究所词典编辑室.现代汉语词典（第7版）[M].北京：商务印书馆，2016：630.

意兼形声字，从女，从昏。"婚"字最初写作"昏"，与婚时有关，且因"昏"而得其义，二者为同源关系。加"女"字的"婚"为后来的分化字。

《礼记·昏义》："昏礼者，将合二姓之好，上以事宗庙，而下以继后世也，故君子重之。""昏"字的甲骨文形体，从"氏"或从"氐"，古文字中"氏""氐"本为一字，有落下之义，以示太阳下沉，黄昏到来之义，为什么把男女结合的事情称为"昏"呢？《白虎通义·嫁娶》："婚者，昏时行礼，故曰婚。""昏"字说明了婚礼的时间，古代婚礼常在黄昏举行，此为古抢婚遗俗，天色渐晚便于行动。"昏"字甲骨文形体如下：

（《新甲编》401）

抢婚产生于原始氏族社会时期，特别是母系氏族社会向父系氏族社会过渡之时，结婚由母系氏族的"男从女居"变为父系氏族的"女从男居"。现在我国的少数民族彝族仍是延续旧俗，晚上抢婚，只不过如今的抢婚只是一种仪式，没有了之前抢婚不成便反目成仇的现象，同时也摒弃了以前的武力抢婚。

后来，"婚"字的内涵有所变化，用以指称女方的父亲或女方的家庭。《尔雅·释亲》："妇之父为婚"，《荀子·富国》："男女之合，夫妇之分，婚姻娉内，送逆无礼。"杨倞注："妇之父为婚。"

"姻"字为形声兼会意字，从女，从因，因亦表音。《说文·女部》："姻，婿家也。女之所因，故曰姻。从女，从因，因亦声。"《尔雅·释亲》曰："婿之父为姻，妇之父为婚。……妇之父母、婿之父母相谓为婚姻。"《左传·定公十三年》："邯郸午，荀寅之甥也；荀寅，范吉射之姻也"。杜预注："婿父为姻。荀寅子娶吉射女。""女""因"如何会意"婿之父""婿之家"呢?"女",当然是女性,女性是当事人;"因",甲骨文字形为囡,像是一张席子,上面躺着一个人,人就席而卧,即依靠席子这种东西休息,"因"就有了"依靠、凭借"之义。在父系社会,男方的家是结了婚的女性的依靠,所以"女""因"组合会"婿之父、婿之家"之意。从"姻"字我们可以看出当时的社会以男性为中心的文化信息,女性是依附于男性的。

"婚""姻"二字虽均以"女"为构字部件,但并没有彰显出女性在婚姻中的主导地位。古代的婚姻从来都不是个人的事情,而是家族或者国家之间的结合。这也正是"婚姻"与"嫁娶"的本质不同。正如《礼记·昏义》中所言:"昏礼者,将合二姓之好","合二姓之好"正是说明了两个不同姓的家族,以婚姻之名义而形成友好关系,此当为"婚姻"之核心。

古代社会,家庭、氏族、部落甚至国家之间的结盟联合是抵御外敌,战胜各种灾害,维系自身群体生存发展的必要条件。处于原始氏族时期的古人,有着宗法制度的约束,血缘关系成了维系集团之间关系的有效手段。无血缘关系的两个集团或者部落要建立稳定的盟约机制,结为婚姻关系无疑是最好的选择。婚姻就是集团内部或集团之间男女个体的结合,这种结合从一开始就不是因为个人爱情,而是家庭、氏族或者国家之需要。

在历史上,婚姻对于国家、统治集团的重要作用是不可小觑的。春秋时期婚姻就被当时的诸侯国用作实现结盟的一种有力的手段,"秦晋之好"便是当时的典型例证,秦与晋世代结为婚姻关系。直到现在,我们仍把两家结为姻亲称为"秦晋之好"。另外,历史上还有两个结为婚姻关系的案例可谓无人不知。第一例是汉元帝将王昭君远嫁于匈奴单于;第二例为唐太宗把文成公主下嫁给吐蕃赞普松赞干布。这种结合是典型的"婚姻"关系的例证，其作用就是减少了边患，加强了两国之间的友好关系。

婚姻是"合二姓之好"，也就是说"婚姻"之事当是发生在两个不同姓的集团之间的，同姓之间无婚姻。《礼记·曲礼上》："取妻不取同姓"。这种"同姓不婚"的约定有两个原因：其一，婚姻是服务于不同姓的集团的，外姓需要联合结盟；其二，古人已经对同姓而合有了科学的认识，古时同姓基本为近亲，近亲繁殖危害较大。此说有文献可证，《左传·僖公二十三年》："男女同姓，其生不蕃。"《国语·晋语四》："同姓不婚，恶不殖也。"

正是因为婚姻的特殊目的和约定，结婚的男女双方对于配偶的选择和结婚方式都没有决定权，只能听从家族或者统治者的安排。直至新中国成立前，我国仍存在"父母之命，媒妁之言"的婚姻。

（三）嫁，娶

相比较"婚姻"而言，"嫁娶"指男女结婚的个体行为，没有"婚姻"的特殊目的性。

《说文·女部》："嫁，女适人也。从女，家声。""嫁"为形声兼会意字，与"家"同源。段玉裁注："《白虎通》曰：'嫁者，家也。'妇人外成，以出适人为家。按：自家而出谓之嫁，至夫之家曰归。""嫁"的本义就是女子结婚，出嫁，《诗经·大雅·大明》："挚仲氏任，自彼殷商，来嫁于周"。女子出嫁后，即以丈夫处为家。《孟子·滕文公下》："女子之嫁也，母命之。往送之门，戒之曰：'往之女家，必敬必戒，无违夫、子。'"《左传·桓公十八年》："女有家，男有室"，女子嫁夫后便有了家，男子娶妻后便有了室。战国文字以"家"为"嫁"，如《九店楚简》："取妻，家女。"

《说文·女部》："娶，取妇也。从女，从取，取亦声。""娶"

与"取"为同源字,古书中多用"取"表示"娶"义。段玉裁注:"经典多假取为娶。"此用"取"为"娶"并非假借用法,而是对古字的使用。"取"字甲骨文字形作:

(《新甲编》172)

从以上字形可见,"取"字象以手抓耳之形,古人在战争中,杀敌之后要将其耳朵割下,以此为邀功的证据。后来,"取"字的意义不断引申扩大,把一切东西拿来都称为"取"。因此,将女子娶到自己家中便也称为"取"了。以下典籍皆用"取"为"娶":《周易·蒙卦》:"勿用取女。"《诗经·齐风·南山》:"取妻如之何?必告父母。"

"娶"字甲骨文中已经出现,但用例较少。金文未见"娶"字。甲骨文"娶"字字形如下:

(《新甲编》688)

"娶"字金文不见,中间出现了使用断层,先秦典籍"取""娶"并用,及至秦汉之后"娶"字才被广泛应用。

"婚"与"昏"同源,与婚时有关,因"昏"而得其义,可见古时抢婚多在黄昏之时。"姻"与"因"同源,女之所因故曰姻。后来,"婚""姻"二字所指有别,"婚"为妇之家,"姻"为夫之家,两家之合便为"婚姻"。"婚姻"为两个家族、部落或国家的嫁娶,具有特殊的目的性,"婚姻"事关家族或者集团的前途和命运。这也正是古时和现在常说"婚姻大事",而不说"嫁娶大事"的主要原因。"嫁"与"家"同源,女子出嫁后便以丈夫家为家;"娶"与"取"同源,从字形可见,"娶"与"婚"同样反映了古代抢婚的风俗。

(四)媒,妁

"婚""娶"二字的形体体现了上古的抢婚习俗,但抢夺婚并非古代主要的婚姻形式,古代社会流行的是聘娶婚。所谓"聘娶婚",即男方以娶之程序而娶,女方因聘之程序而嫁。《礼记·昏义》:"是以昏礼纳采、问名、纳吉、纳征、请期,皆主人筵几于庙,而拜迎于门外,入揖让而升,听命于庙,所以敬慎重正昏礼也。"此"六礼"就是聘娶婚中的婚、嫁程序。《礼记·内则》:"聘则为妻,奔则为妾。"郑玄注曰:"聘,问也。妻之言齐也。以礼则问,则得与夫敌体。妾之言接也。闻彼有礼,走而往焉,以得接见于君子也。"女性受聘而嫁才是名正言顺,否则就是"私奔";名正言顺才能称为"妻","奔者"为妾。

聘娶婚中,有一不可缺少的中介,那就是媒妁。《诗经·齐风·南山》:"取妻如之何?匪媒不得。"《礼记·曲礼上》"男女非有行媒,不相知名。"《孟子·滕文公下》:"不待父母之命、媒妁之言,钻穴隙相窥,逾墙相从,则父母国人皆贱之。"

"媒",为后起形声字,可见"媒人"的产生是比较晚的。据研究,"媒人"是在周代产生的。"媒"字小篆形体如下:

(《说文》259)

《说文·女部》:"媒,谋也,谋合二姓。从女,某声。"段玉裁注:"虑难曰谋。《周礼·媒氏》注曰:'媒之言谋也。谋合异类使和成者。'"《诗经·豳风·伐柯》:"取妻如何?匪媒不得。"郑玄笺云:"媒者,能通二姓之言,定人室家之道。"媒人主要做的事情就是,通不同姓氏的男女两家之言,并从中谋划,使男女双方能够顺利结为夫妻。

"妁",《说文·女部》:"酌也,斟酌二姓也。从女,勺声。""妁"字的小篆形体如下:

(《说文》259)

段玉裁注:"斟者,酌也。酌者,盛酒行觞也。斟酌二姓者,如挹彼注兹,欲其调适也。""'挹彼注兹'也就是将此器中的酒倒出倾注于彼器,这强调酒量的适中,不可太满,满则溢出;不可太少,少则不敬,而对于媒人来说,所结合的男女双方,他们彼此的条件也要求'适中',这就是古代所谓的'门当户对',这当然是需要媒人加以'斟酌'的。"①

从字形看,"媒""妁"二字皆从女。有的学者认为,"媒妁"多由女性充当,所以从"女",其实不然。媒人有官媒和私媒之分,陈顾远的《中国婚姻史》认为,媒妁始于"使",《左传·成公八年》:"宋公使华元来聘。""华元"实际上就是媒人,或者更准确地说,为行媒,"行媒"就是"使"。周朝末年盛行的是私家职业媒人。私家职业媒人,以中老年女性为多,所以媒人也称"媒婆"。官媒制度,西周时期也已建立,《周礼·地官司徒》:"媒氏,下士二人,史二人,徒十人。""媒氏,掌万民之判。凡男女,自成名以上,皆书年月日名焉。令男三十而娶,女二十而嫁。凡娶判妻入子者,皆书之。"可见,"媒""妁"二字从女,并非担任"媒妁"之人的性别使然,而是"女性"为"媒妁"服务的对象。正如"婚""姻"二字,涉及的是男女双方之事,但是字形却从女,是一样的道理。苏新春先生分析"男""女"构字数量不平衡的情况时,说"可在汉字中,却表现出相反的情况,就是

---

① 王立军,等. 汉字的文化解读[M]. 北京:商务印书馆,2012:99.

'重女轻男'。'男'构成的字很少,只有'甥''舅''嬲'等很少的几个字,何况'嬲'也还是以'女'为主。'男'是会意字,从汉字的产生来看,也不属于汉字之根的象形字。而'女'字就不同了,它构成了一大批的汉字。在《说文解字》中,'女'部收字238个,另有重文14个。"①

"媒",谋和二姓;"妁"斟酌二姓,二字从女,是因为女性为当事人。"媒妁"二字体现了古代婚姻的主要形式为聘娶婚,亦反映了"同姓不婚"的历史习俗。

三、祭祀刑法

(一) 示

"示"字最初为象形字,本义为神圣牌位或供奉祭品的祭台。甲骨文形体为T,象祭祀用的石台之形,下为石柱,上为供奉祭品的石台。石台上部很平,专门用来摆放祭品之用。到了小篆,其形体就发生了很大的变化,变为示。石柱变成了"小"字形的支架。隶书和楷书就更看不出石台的样子了。

"示"字的本义是祭台,在祭台上供奉的祭品是为了让鬼神看然后享用的。"示"字所代表的祭台非常神圣,为古人经常跪拜的地方,"示"也代表神灵接受祭祀之物的灵牌。

祭祀神灵,一般是有事相告并祈求庇护,所以"示"字又有"以事相告"之义。后来,"示"字才引申出"给人看"的意思,比如"显示""指示""批示"。"批示""指示"之"示"更能体现出其与本义的密切关系,这里的"示"有"庄重""重要"之义。

"示"字产生以后,"福""祖""祈"等在甲骨文中没有"示"

---

① 苏新春. 文化语言学教程[M]. 北京:外语教学与研究出版社,2006:186.

字构件的也因为其与祭祀有关而增加了"示"构件，这一现象，再次证明，汉字在努力维持其表意特征。

祭祀是向祖先、神灵上供行礼，寻求庇护，《左传·成公十三年》："国之大事，在祀与戎。祀有执膰，戎有受脤，神之大节也。今成子惰，弃其命矣，其不反乎！"国之大事，就是祭祀，"祀"是平日的祭祖，"戎"是出征前的祭社，祭祀时态度要恭敬，成子出征前祭社不敬，所以说他是自"弃其命"，由此可见，古人对祭祀的重视程度。祭祀文化是中国传统文化的一个必要组成部分。"示"字和大量以"示"为构件的汉字——礼、禧、禛、禄、详、祉、福、祐、祺、福、祇、祭、祀、祔、祖、祓、祈、祷、祝等的存在就体现了古代祭祀方面的文化信息。

（二）祭，奠

"祭"字产生较早，这跟古人很早就有祭祀的风俗有密切关系，古代社会人们敬畏自然，山、川、日、月、祖先、神灵等都是祭祀的对象，可以说祭祀无处不在，祭祀是人们生活中非常重要的一部分。"祭"字形体演变轨迹如下：

敓（《新甲编》7） → 祭（《金》11） → 祭（《说文》8）

从"祭"的形体演变看，其构件发生了数量上的变化。甲骨文"祭"由两个构件"又"和"肉"构成，以手持肉，以此来表示祭祀。祭祀之时，肉是最主要的祭品，甲骨文形体中的"肉"是带有血滴的肉，形体中血滴清晰可见。多数甲骨文形体中，"祭"无构件"示"，这同早期祭祀比较简单有关，并无表示神主的牌位或者祭祀的供桌。当然，这一现象反映在汉字构件上就是还没有形成以"示"为基础构件的系统。至金文"祭"就增加了构件"示"，使得该形体表示的"祭祀"意义更加清晰。

"祭奠"一词，其义为置供品于灵前或墓前祭祀。上面我们分

析了"祭"字,下面我们来讨论"奠"字。"奠"字形体演变轨迹如下:

$$\text{丌} \longrightarrow \text{𠀠} \longrightarrow \text{奠}$$
（《新甲编》285）　（《金》310）　（《说文》99）

"奠"字甲骨文形体比较简洁,由构件"酉"和下面一横构成,置酒于地上,本义为设酒祭祀。后来,随着设酒祭祀的形式略有改变,"酉"下一横变为"丆",这在金文形体中比较常见。也就是说,祭祀所用之酒不再摆在地上,而是有了专门放酒的垫子或者支撑架子。发展至小篆,"奠"字构件"酉"变为"酋";下部"丆"变为"丌",隶书又演变为"大"。构件"酉"演变为"酋",从理据上依然可以做出合理的解释,"酋"为象形字,本义为久熟之酒,相当于我们现在所说的陈酿之酒。《方言》:"酋,熟也。……自河以北赵魏之间火熟曰烂,气熟曰糦,久熟曰酋,谷熟曰酷。"以久熟之酒祭祀以表心诚,这是以"酋"为新构件的用意所在,因此,该字构件虽有变化,但基本延续了最初的造字逻辑。

那么,"祭"和"奠"皆有祭祀之义,且二字产生都较早,都见于甲骨文,它们有什么区别呢?在古代"祭"和"奠"有先后顺序之别。《礼记·檀弓下》:"奠以素器,以生者有哀素之心也。"孔颖达正义曰:"'奠'谓始死至葬之时祭名,以其时无尸,奠置于地,故谓之'奠'也。"朱子曰:"丧礼自葬以前皆谓之奠,其礼甚简。盖哀不能文,而于新死者亦未忍遽以鬼神之礼事之也。自虞以后方谓之祭。故礼家又谓奠为丧祭,而虞为吉祭,盖渐趣于吉也。"从文献可知,"祭"和"奠"是以下葬为时间划分的,下葬之前的祭祀称为"奠",下葬之后则称为"祭"。奠时只是把祭品放在地上、席子上或者简易的台架上即可,而祭时不同,此时有"尸"("尸"为古代从孙辈中选出的代替受祭之人),因此,祭是把死者作为鬼神来供奉，相当于有了神主牌位。

二字构形，也能反映二者的区别。"奠"甲骨文形体展现的是把"酒"置于地上，金文形体展现的是把"酒"置于某种台架上；而"祭"字最初形体也未有置肉于地上之形，后来就明确添加了表示神主供台的构件"示"。

（三）血，䘽

现代汉字的"血"与"皿"只是一笔之差。现在看来，"血""皿"有关联很多人觉得不可理解，可是先民在造字之初，二者的联系是非常直观的、具象的。甲骨文"皿"字形如下：

（《新甲编》306）

"皿"为容器，古时是用来专门盛放水、酒或血等液体的。因此，器皿常在祭祀中出现，如《孟子·滕文公下》载："牲杀、器皿、衣服不备，不敢以祭"。甲骨文中已经有不少以"皿"为构字部件的字形，如：盂、益、盥、盛等。甲骨文"血"字字形如下：

（《新甲编》316）

甲骨文"血"字象一个器皿中有血滴或者血块儿之形。因祭祀用血是当场屠杀动物而得到的，鲜血加入器皿之后会出现凝固，所以甲骨文"血"字中的血液形状有点滴状，亦有块儿状。至小篆"血"字形体趋向规整化，笔画平直圆滑，但是器皿之形仍清晰可见，而原来的血滴或者血块儿则写成了一短横，总体来说象形意味仍有余存。小篆"血"字如下：

(《说文》105)

至隶书，"血"字形体基本看不出象形的意味了。

古代祭祀，须杀牲取血置于器皿之中，之后把血洒在祭坛之上。这种仪式在古代称作"郊血"，《礼记·郊特牲》："郊血，大飨腥，三献爓，一献孰。"《说文·血部》："血，祭所荐牲血也。从皿，一象血形。"段玉裁注："不言人血者，为其字从皿，人血不可入于皿，故言祭所荐牲血。""血"字的造字渊源反映了古人用血来祭祀神灵的风俗习惯，祭祀所用之血多为牛羊等一些牲畜的血。《周礼·春官宗伯·大宗伯》："以血祭祭社稷、五祀、五岳"。贾公彦疏："先荐血以歆神"。

同样表示血祭的"釁"字，其简体为"衅"，为会意字。"釁"字由三部分构成，上为"爨"的省略。"爨"小篆形体如下：

(《说文》60)

从字形可见，"爨"字形如古人双手持甑在灶口烧火做饭。该字本义为烧火做饭，《孟子·滕文公上》曰："许子以釜甑爨，以铁耕乎？"《论衡·感虚》："夫燷一炬火，爨一镬水，终日不能热也"。上文两处"爨"均指烧煮。后来"爨"字又引申为灶。"釁"字的其余两个部件分别是"酉"和"分"，与"爨"之省体三部分组合起来以表示血祭。

那这种会意造字的逻辑从何而来呢？《说文·爨部》："釁，血祭也。象祭灶也。从爨省，从酉。酉，所以祭也。从分，分亦声。""釁"这种血祭的方法是用牲血涂抹在器物的裂璺缝隙之中，这恰似古代祭灶的一种方法，因此，"釁"字从爨省。传统的中国祭灶是怎样的呢？按照习俗，我国民间小年也就是腊月二十三晚上会祭灶王爷，人们会在灶王爷像前供放一些糖果、清水、料豆、秣草等。"清水、料豆、秣草"是供灶王爷的坐骑食用的饲料；而"糖果"则是为灶王爷准备的。祭灶时，要把糖果融化，涂抹在灶王爷的嘴上，这样可以让灶王爷上天后多说甜言蜜语，即"上天言好事"。"釁"这种血祭的方法与祭灶有着相似之处，都需要涂抹，"釁"要把牺牲之血涂抹在器物的裂璺缝隙处，最初的器物多为鼎。"酉"就是祭祀之时所用的祭品"酒"，这也是古人祭祀常用的祭品；"分"在这里为分散牲畜之血，血祭的早期形式即将动物或人血洒于地表，使血向地下渗入，因此，分散牲血是为了更好地渗入地下。清人金鹗对"血祭"有详细的分析："血祭，盖以滴血于地，如郁鬯（酒）之灌地也。"

"釁"字的简体"衅"字并非简化汉字时才出现的，其在《玉篇》就已经存在了，《玉篇·血部》："衅，牲血涂器祭也。亦作釁。"也就是说"衅"字初为"釁"字的异体字，后来笔画较为繁琐的"釁"字被废止，不再使用了。

"衅"字由"血""半"两个构件组成，"半"的金文字形如下：

（《金》54）

"半"字，从牛，从八，"八"为分，因此"半"为分割牛体之义。血祭取牺牲之血，牛是当时较为普遍的牺牲品，杀牛以其血祭祀，意义显豁。因此"釁"的后起字"衅"为"血祭"之义也很容易理解。《孟子·梁惠王上》载："将以衅钟。"赵歧注："新铸钟，杀牲以血涂其衅郄，因以祭之，曰衅。"《左传·僖公三十三年》："不以累臣衅鼓"。

（四）法

"法"字本为会意字。《说文·廌部》："法，刑也。平之如水，从水；廌，所以触不直者；去之，从去。"许慎之说解是根据小篆而解说的，小篆"法"字写作：

（《说文》202）

从字形分析，该字由三部分构成，即"水""廌""去"，左上方为"水"，非常清晰，右上方为"廌"，神话传说中的一种神兽；下为"去"。小篆与金文相差不大，金文作：

（《金》679）

与小篆相比，金文"法"字所组成部分未有变化，各个部分的位置略有不同。"廌"更象形，更似神兽的模样。那么，三个部分如何会"法"之意呢？构件"水"，我们由"水"会联想到清、平，以表示公平如水。"廌"是神话传说中的一种神兽，该兽具有特异功能，能够判别是非曲直，审理案件之时它会用角去驱逐或者顶撞那些有罪或者无理之人。"去"则表示除掉、去除，一旦神兽分辨出罪恶之人便会除掉。这三个构件组合起来说明了执法须公正，只有这样才能除掉邪恶。

关于"廌"还有一个传说，据说尧在位时曾请皋陶做司理，其主要职务就是管理狱讼刑罚。在皋陶上任那天，他牵了一只神羊，就是獬豸（獬廌），大家都非常奇怪。坐定之后，皋陶就告诉大家此獬豸的神通所在，它会用角触邪恶，解决法律争端。看来当时皋陶全靠那只羊断案了。当然这是传说。但是，古代执法的官员所穿的袍服确实称为"豸袍"，因其上绣有獬豸。

（五）宫

"宫"字在甲骨文中已经出现，前面我们已经给出，这里不再展现。

形似房屋的"宫"字，最初指称一般房屋，无高低贵贱。《说文·宫部》："宫，室也。从宀，躬省声。"许慎把"宫"看作形声字，"宫"当是象形字。《尔雅·释宫》："宫谓之室，室谓之宫。"《玉篇·宫部》也有同释："室也，中也，人所居也。"最初普通房屋也可以称为"宫"，"宫""室"区别较小。但是，后来"宫"多用来指称封闭的宅院，也就是有围墙的建筑。《尚书·大诰》曰："民不静，亦惟在王宫邦君室。"这里就指出了王居"宫"，而邦君则居"室"，"宫""室"已经有了明显的等级区别。从商周始"宫"就多指王侯的居所，普通百姓虽可用"宫"但却很少有"宫"。

至秦代该字的命运发生了彻底变化，秦始皇实行文字垄断，一下子把"宫"的位置提升到了皇家血统的高度。也就是说，自秦代始，"宫"为皇室专用，老百姓的房屋即使再气派雄伟也不能称之为"宫"。

那么，"宫刑"之"宫"与上述表示住所的"宫"有何关联呢？

宫刑为旧五刑之一，旧五刑为墨、劓、剕、宫和大辟，这五刑多见于夏代至秦汉。相较于新五刑笞、杖、徒、流和死，旧五刑更为残酷。

从古文字形体看，"宫"之本义与我们讨论的"宫刑"之"宫"相差实在太远。因此，这就需要从"宫"字背后隐藏的意义来讨论。

"宫刑"是破坏人的生殖机能的一种酷刑，据文献考证，此种刑罚盛行于周、秦汉及六朝。到隋朝之时，《开皇律》便废止了宫刑，从此以后历代的刑制正式法典再也没有了宫刑。隋朝之所以有此变化，主要是因为隋朝宦官的来源出现了变化，以往宦官的来源主要是宫刑罪犯，而隋朝的宦官多是各地进献的阉儿或者宦官养子。之后"宫刑"虽然不在正刑中出现，但是仍存在于刑罚之外，特别是到了明朝，朱元璋在《明大诰》中又加入了"阉割为奴"之刑罚。

明白了"宫刑"的大致历史发展，我们再看看"宫刑"到底与"宫"有何渊源，为什么这种破坏生殖机能的刑罚与居住之"宫"产生了瓜葛？

有学者认为"宫刑"最初是处罚不正当男女关系的，其证据是《尚书大传》："男女不以义交者，其刑宫"，其实这是一种误解。这种针对不正当男女关系的刑罚并非"宫刑"的最初含义。

甲骨文中最初已经有一个表示"宫刑"的字，也被很多学者认定是"去人势的专字"。可见，商代已经有相当于"宫刑"的残酷刑罚，但其名并不为"宫"。"宫刑"之名因受刑之人所去之处而得名。"宫刑"最初是罚人入宫服役，殷王之时就经常阉割羌人的战俘，然后让他们入宫服役。卜辞有这样一段文字："庚辰卜，王，朕刿（阉）羌不死。"（《合集》525）由此"宫刑"便与帝王贵族所居之"宫"产生了密切关系。

我国商代形成了较为完备的宫廷制度，而且等级森严，如此庞大的机构需要人员承担劳役来维持正常的运行。《周礼》用词中已经出现了大批宫中服役的人员称谓，如宫正、宫伯、阍人等。这些使役之人多来自战俘和平民中的犯罪者。

最初入宫服役之人有男有女，男性入宫就比女性多了一道手续，就是要"去势"（阉割）。其中的原因就是为了防止男性对宫内女眷图谋不轨，破坏帝王后代血统的纯洁性。因此，从一开始入宫服役，男性就会受到此种酷刑，也正是因为男子宫刑的"去势"赋予了"宫"新的意义。最初在宫内服役的阉人内侍就是"宫刑"的第一批"受害人"。

"宫刑"由作为宫役的附加刑罚逐渐演变为针对普通人的刑罚，成为仅次于死刑的"旧五刑"之一。又因施行此刑易受风而死亡率较高，所以须在似养蚕之室中蹲上百日，伤口才可愈合，因此"宫刑"又叫下蚕室。又因"宫刑"之后人如同腐朽之木不可开花结实，所以又称为"腐刑"，颜师古注《汉书·景帝纪》曰："如淳曰：'腐，宫刑也。丈夫割势，不能复生子，如腐木不生实。'"可是，后来有些受宫刑的男人却在与帝王频繁接触时，获得信任，其地位也逐渐提升。特别是秦汉以后，阉人一般被称为宦者或宦官，较早且最有名的宦官就是秦国的宰相赵高。而当"宫刑"不是作为惩戒性的酷刑之时，"宫刑"也就不再属于"五刑"之列了。

（六）耐

"耐"字从形体上分析，由两部分组成，"而"和"寸"，"寸"为手，"而"是什么？前文我们已经对"而"字的形体进行过详细分析，"而"为象形字，象胡须之形，《说文·而部》："而，颊毛也。象毛之形。"后来，"而"字被假借用于表示代词、连词之后，人们便在"而"字的基础上增加了形义构件"彡"，另造"耏"字表示本义。《玉篇·彡部》："耏，颊须也。""耏"与"而"义相通，音亦同。

"耏"字产生之后，其意义又进一步增加，由名词"颊毛"引申为"剔除颊毛"之义，意义引申之后，为了使汉字的形体能更准确地体现出其意义内容，"耏"字的字形又发生了变化，变为从"寸"的"耐"。"剔除颊毛"并不是我们日常所说的净面刮胡子，这在当时是一种刑罚。

《说文·而部》："耏，罪不至髡也。从而，从彡。耐，或从寸。"此处的"髡"也是一种刑罚，是把头发剃光的刑罚，若罪不至于髡刑则施以耐刑，也就是剃去颊毛。《汉书·高帝纪下》：

"令郎中有罪耐以上，请之。"颜师古注引应劭云："轻罪不至于髡，完其耏鬓，故曰耏。古耐字从彡，发肤之意也。"较之髡刑，耐刑是一种比较轻的刑罚。秦朝的时候已经有此刑，至汉，二、三、四年刑为耐。《汉书·文帝纪》："刑者及有罪耐以上"，颜师古注引苏林曰："二岁刑以上为耐。"这种刑罚主要是羞辱人格而起到惩罚的目的，王立民先生在提到"耐刑"时，说："此刑虽无皮肉之苦，但羞辱人格，给人带来精神创伤。古代东方的羞辱刑主要是剃去罪犯的鬓、发和须，适用于一些较轻的犯罪。古代东方有些国家的人们有留鬓、发和须的习惯，中国人还把保留鬓、发与孝联系在一起，认为'身体发肤，受之父母，不敢毁伤，孝之始也'。强制性剃去鬓、发和须，使受刑人有别于普通人，并给受刑人以羞辱，这是羞辱刑的目的。"①

《汉书·惠帝纪》："上造以上及内外公孙耳孙有罪当刑及当为城旦舂者，皆耐为鬼薪白粲。"颜师古注引应劭曰："城旦者，旦起行治城；舂者，妇人不豫外徭，但舂作米：皆四岁刑也。今皆就鬼薪白粲。取薪给宗庙为鬼薪，坐择米使正白为白粲，皆三岁刑也。""城旦""舂""鬼薪""白粲"都为秦汉时期的刑法，"城旦""鬼薪"为男之役，"舂""白粲"为女之役；"城旦""舂"刑期四年，"鬼薪""白粲"刑期三年，上面这段话主要表述的是汉惠帝时期的"减刑"政策，针对的对象是"上造以上，及内外公孙耳孙"，"二十等爵中的第二爵上造及王侯内外孙、玄孙之子如犯罪被判刑及判为城旦舂刑，均处以耐为鬼薪白粲"。②"鬼薪""白粲"分别指上山采薪和择米使正白的刑罚，采薪和择米都是供宗庙祭祀使用。何为"耐为鬼薪、白粲"？"无论在秦还是在

---

① 王立民. 古代东方法研究[M]. 北京：北京大学出版社，2006：177.
② 陆昕，徐世虹. 中外法律文化大典——中外法律比较编年[M]. 北京：中国政法大学出版社，1994：93.

汉，耐都是与劳役刑一起复合适用的，不存在作为主刑单独适用的情况——'徒刑必须和耐刑配合使用'"①，所以，"耐为鬼薪白粲"为"复合刑"，即耐刑和鬼薪、白粲的结合。

由此，我们也可以看出，"耐"确为轻刑。轻刑之"耐"并不重，可以忍受得住，因此"耐"又引申为"禁得住、受得了、忍受及克制"的意思，比如"耐热""耐寒""耐心"等。

---

① 程令政. 秦及汉初刑罚制度研究——以出土简牍资料为主要依据[D]. 长春：吉林大学，2020：151.

第七章　结语

　　汉字是形、音、义的结合体,而在这三要素中,字形是最根本的。本书以汉字的甲骨文、金文、小篆等古文字形体作为立足点,分析汉字形体中携带的意义信息和文化信息。汉字在演变的过程中,其表意性是逐渐弱化的,越早期的汉字,其表意性越强。汉字演变至楷书,构形部件的符号化使得汉字与其所表示之物象相似度越来越小,对汉字进行形体溯源就成为一项非常必要的工作。本书主要分为以下几部分:

　　第一章为绪论,总体概括汉字的起源和性质。汉字是劳动人民集体智慧的结晶,它是在图画的基础上发展演变而来的,但是,汉字与图画有着本质的不同:汉字的形体与语言中的语素或词是一一对应的,而且可以读出来;汉字的形体和固定的音、义组合在一起是可以重复使用的;汉字的排列次序与语言符号的排列次序是一致的,图画则不然。汉字自产生以来,形体发生了很大的变化,但是其表意性质始终未变,汉字的形体中包含着意义信息,也包含着文化信息。

　　第二章分析汉字的构件与构形。构件是最小的构形单位,它能独立进入其他汉字形体之中,成为所构字的一部分,构件能够体现构意；构件在发展的过程中，呈现出由无层级性到有层级性的特征，其形体也由可变性过渡到稳定性。根据构件在构意中的作用，我们把构件分为表义构件、表形构件、示音构件和标示构件。汉字构形是指汉字在形体结构上采用哪些构件，构件的数目有多少，构件如何拼合以及构件的位置怎样安放等。汉字的构形具有延续性、变化性和系统性的特征。因义构形，是汉字区别于其他文字的典型特征，也是汉字得以发展并保持鲜活生命力的根本。

第三章主要分析表形构件为汉字带来的意义信息。表形构件具有表形功能，因此，当表形构件独立表形或与标示构件组合表形时，构形相似，意义常常也相关，如"巳、已""戊、戌、戍、戎""母、毋、每""电、申""月、夕""孕、包"；构形不同，意义往往也有差别，如"目、臣""由、田""玉、王""人、入""天、元""左、右"。

第四章主要讨论形义构件为汉字带来的意义信息。包含同一个形义构件的汉字，在意义上总会有一定的关联。"断、斧、斩"三字的本义都与形义构件"斤"，即一种类似斧子的砍伐工具有关；"即、既、卿"三字都与形义构件"皀"——一种食器有联系；"取、聝"都表示割取敌人的耳朵，与其形义构件"耳"有关；"豬、豚、遯、逐"四字都有形义构件"豕"，四个字的本义也都与"豕"有或多或少的关联；"甑、层、曾"三字都含有形义构件"曾"；"宰、罪（辠）、辞、辩"四字则含有表刑具的形义构件"辛"，"宰"的本义为在屋内掌握着行刑工具的人，"辠"为"罪"的本字，本义为割鼻子的刑罚，"辞"本义为诉讼，"辩"本义为互讼；"辰"为"蜃、农、辱、晨"四字的形义构件，其"古之耕田器"的意义在四字当中皆有体现；"败、散、敉"三字的本义都与形义构件"攴"有一定的关系；"毓、疏、流、弃"四字的本义分别是：

"孕育、生养""孩子顺利生出""水流""将新生儿抛弃",皆与形义构件"㐬""厺"的意义密不可分。形义构件相同,意义却不同的汉字,则是由于构件的数量、构件的位置、构件的方向或构件的功能不同所导致的。

第五章主要从动态的视角分析汉字的形体演变,我们认为,汉字的形体演变也是和意义有关的。汉字的形体被借用或者汉字的意义过多时,在"形体体现意义"的造字意图驱使下,人们会在初始的形体上添加表义构件甚至改变字形,以区别本义和假借义、本义和引申义。同样,汉字的形体与意义因为种种原因不能统一时,人们会根据它的意义去重新构造它的形体,从而使汉字的形义实现新的统一。

第六章研究汉字与文化之间的关系,汉字的形体携带着文化信息,所以我们从衣食住行、婚姻嫁娶、祭祀刑法三个方面分析汉字中的文化信息。汉字反映文化,同时文化也影响、制约着汉字。而且从本质上说,首先是文化制约汉字,然后才是汉字反映文化,因为造字者,一定是生活在某一特定的社会文化环境中,有着特定的文化心理。因此,我们在分析汉字中携带的文化信息之前,先把文化分为物质文化、制度文化和心理文化三种类型,然后举例说明三者对汉字形体的制约作用。

当然,本书还存在很多不足,首先,本书主要分析比较典型的汉字形体,所以,整本书的系统性有所欠缺,例如体现中华民族饮食文化的汉字,我们只分析了六个:年、叔、蒜、汤、酒、配,常见的"食""饮"等汉字都未分析,一则是因为篇幅所限,二则是因为这些汉字的形体,前人已经有过精彩的论述。其次,"构意"和"实义"是不同的,"构意"和"本义"当然也是不同的,但是本书分析字形的目的,一方面是分析字形的构造意图,另一方面是说明汉字意义的发展演变,又考虑到本书带有一定的普及性，所以，有时并未对此进行严格的区分，偏向于采用大家较为熟知的术语。再次，在研究汉字的形义关系时，区分字形的历史层面，把不同时代、不同形制的汉字进行比较分析，解决了一些有争议性的汉字的形义关系问题。本书侧重分析单个汉字形体及意义，因此对汉字构形系统的整体研究不够。王宁先生指出："汉字史不是个体字符演变情况的简单相加，仅仅探讨汉字个体字符的形体变化不能称作汉字史。只有在弄清个体字符形体变化的基础上，考查出汉字构形系统的总体演变规律，并且对这种演变的内在的和外在的原因做出符合历史的解释，才能称为汉字史。"[1]诚然，我们的研究并不是为了梳理汉字的历史，而是要破解汉字的基因密码，例如"毓""疏""流""弃"四个汉字所从的"㐬"及"𠫓"构件为它们同源滋生的关键，而且新字的意义也通过"㐬"与"𠫓"而延承或者引申，这就是汉字在不断分化滋生的过程中向下一代遗传的基因。但破解工作也需要对其内在的规律进行总结，从而形成一个"基因"系统，故而第一步工作——单个汉字的基因密码破解，是我们这本书的重点内容。当然，我们只是研究了一小部分汉字，进行更多、更复杂的汉字形体分析以及在此基础上整理出汉字基因密码系统，是我们下一步要做的工作。

---

[1] 王宁. 汉字构形学导论[M]. 北京：商务印书馆，2015：17.

引述古典文献

本书所引用的卜辞铭文、简牍帛书以及古代字书释义、古代文献引文参照以下出版物及版本，特此说明。

［1］《宋刻算经六种·孙子算经》，文物出版社，1981年版。

［2］《诸子集成·盐铁论》，中华书局，1954年版。

［3］《诸子集成·晏子春秋校注》，中华书局，1954年版。

［4］《诸子集成·庄子集解》，中华书局，1954年版。

［5］〔汉〕班固撰，《白虎通义》，上海古籍出版社，1992年版。

［6］〔汉〕班固撰，〔唐〕颜师古注，《汉书》，中华书局，1962年版。

［7］〔汉〕伏胜撰，〔汉〕郑玄注，〔清〕陈寿祺辑校，《尚书大传》，中华书局，1985年版。

［8］〔汉〕高诱注，《淮南子注》，上海书店，1986年版。

［9］〔汉〕高诱注，《战国策》，上海书店，1987年版。

［10］〔汉〕高诱注，〔清〕毕沅校，徐小蛮标点，《吕氏春秋》，上海古籍出版社，2014年版。

［11］〔汉〕刘熙撰，《释名》，中华书局，2016年版。

[12]〔汉〕刘向辑,〔汉〕王逸注,〔宋〕洪兴祖补注,孙雪霄校点,《楚辞》,上海古籍出版社,2015年版。

[13]〔汉〕史游撰,〔唐〕颜师古注,《急就篇》,上海书店,1984年版。

[14]〔汉〕司马迁著,《史记》,中华书局,1959年版。

[15]〔汉〕王充著,张宗祥校注,郑绍昌标点,《论衡校注》,上海古籍出版社,2010年版。

[16]〔汉〕许慎,《说文解字》,中华书局,1963年版。

[17]〔汉〕许慎撰,〔清〕段玉裁注,《说文解字注》,上海古籍出版社,1988年版。

[18]〔汉〕扬雄撰,〔晋〕郭璞注,《方言》,中华书局,2016年版。

[19]〔汉〕张衡著,张震泽校注,《张衡诗文集校注》,上海古籍出版社,2009年版。

[20]〔后唐〕马缟集,《古今注·中华古今注·苏氏演义》,商务印书馆,1956年版。

[21]〔晋〕陈寿撰,〔宋〕裴松之注,《三国志》,中华书局,1959年版。

[22]〔晋〕张湛注,《列子》,上海书店,1986年版。

[23]〔梁〕顾野王著,《大广益会玉篇》,中华书局,1987年版。

[24]〔梁〕萧统编,〔唐〕李善注,《文选》,中华书局,1977年版。

[25]〔明〕李时珍编著,《本草纲目》,人民卫生出版社,1957年版。

[26]〔明〕梅膺祚撰,《字汇》&〔清〕吴任臣,《字汇补》,上海辞书出版社,1991年版。

［27］〔明〕施耐庵著，〔清〕金圣叹评，《水浒传》（注评本），上海古籍出版社，2015年版。

［28］〔明〕张自烈、〔清〕廖文英编，董琨整理，《正字通》，中国工人出版社，1996年版。

［29］〔南北朝〕颜之推著，夏家善、夏春田注释，《颜氏家训》，天津古籍出版社，1995年版。

［30］〔南唐〕徐锴撰，《说文解字系传》，中华书局，1987年版。

［31］〔清〕毕沅校注，吴旭民校点，《墨子》，上海古籍出版社，2014年版。

［32］〔清〕戴震著，《考工记图》，商务印书馆，1955年版。

［33］〔清〕顾炎武著，〔清〕黄汝成集释，《日知录集释》，上海古籍出版社，1985年版。

［34］〔清〕桂馥撰，《说文解字义证》，上海古籍出版社，1987年版。

［35］〔清〕胡承珙著，《小尔雅义证》"聚学轩丛书"本，该书自序作于1827年。

［36］〔清〕金鹗撰，《求古录礼说》，山东友谊书社，1992年版。

［37］〔清〕蒲松龄著，李伯齐点校，《聊斋志异》，浙江文艺出版社，2004年版。

［38］〔清〕阮元著，《积古斋钟鼎彝器款识》，浙江人民美术出版社，2019年版。

［39］〔清〕王念孙撰，《广雅疏证》，中华书局，1983年版。

［40］〔清〕王先慎集解，姜俊俊校点，《韩非子》，上海古籍出版社，2015年版。

［41］〔清〕王筠著，《说文句读》，上海古籍书店，1983

年版。

[42]〔清〕王筠撰，《说文释例》，中华书局，1987年版。

[43]〔清〕徐灏撰，《说文解字注笺》，清光绪二十年（1894）徐氏刻本、民国三年（1914）补刻本。

[44]〔清〕张玉书等编，《康熙字典》，上海书店，1985年版。

[45]〔清〕朱骏声撰，《说文通训定声》，武汉古籍书店，1983年版。

[46]〔宋〕陈彭年等撰，《广韵》，商务印书馆，1935年版。

[47]〔宋〕戴侗撰，《六书故》，上海社会科学院出版社，2006年版。

[48]〔宋〕丁度等编，《集韵》，上海古籍出版社，1985年版。

[49]〔宋〕范晔撰，〔唐〕李贤等注，《后汉书》，中华书局，1965年版。

[50]〔宋〕罗泌撰，《路史》（中华再造善本），北京图书馆出版社，2003年版。

[51]〔宋〕司马光编，《类篇》，上海古籍出版社，1988年版。

[52]〔宋〕朱熹撰，朱杰人、严佐之、刘永翔主编，《朱子全书》（第23册），上海古籍出版社，安徽教育出版社，2002年版。

[53]〔唐〕房玄龄等撰，曹文柱等标点，《晋书》，吉林人民出版社，1995年版。

[54]〔唐〕房玄龄注，〔明〕刘绩补注，《管子》，上海古籍出版社，2015年版。

[55]〔唐〕李百药撰，《北齐书》，中华书局，1972年版。

［56］〔战国〕荀况著，〔唐〕杨倞注，耿芸标校，《荀子》，上海古籍出版社，2014年版。

［57］〔战国〕左丘明著，〔三国〕韦昭注，《国语》，上海古籍出版社，2015年版。

［58］郭沫若著，《两周金文辞大系图录考释》，科学出版社，1957年版。

［59］胡厚宣编集，《战后京津新获甲骨集》，群联出版社，1954年版。

［60］胡厚宣主编，《甲骨文合集释文》，中国社会科学出版社，2009年版。

［61］李学勤主编，《十三经注疏·春秋公羊传注疏》，北京大学出版社，1999年版。

［62］李学勤主编，《十三经注疏·春秋穀梁传注疏》，北京大学出版社，1999年版。

［63］李学勤主编，《十三经注疏·春秋左传正义》，北京大学出版社，1999年版。

［64］李学勤主编，《十三经注疏·尔雅注疏》，北京大学出版社，1999年版。

［65］李学勤主编，《十三经注疏·礼记正义》，北京大学出版社，1999年版。

［66］李学勤主编，《十三经注疏·论语注疏》，北京大学出版社，1999年版。

［67］李学勤主编，《十三经注疏·毛诗正义》，北京大学出版社，1999年版。

［68］李学勤主编，《十三经注疏·孟子注疏》，北京大学出版社，1999年版。

［69］李学勤主编，《十三经注疏·尚书正义》，北京大学出

版社，1999年版。

［70］李学勤主编，《十三经注疏·孝经注疏》，北京大学出版社，1999年版。

［71］李学勤主编，《十三经注疏·仪礼注疏》，北京大学出版社，1999年版。

［72］李学勤主编，《十三经注疏·周礼注疏》，北京大学出版社，1999年版。

［73］李学勤主编，《十三经注疏·周易正义》，北京大学出版社，1999年版。

［74］柳宗元诗文编注组编，《柳宗元诗文选注》，陕西人民出版社，1985年版。

［75］罗振玉，罗福颐类次，《殷虚书契五种》，中华书局，2015年版。

［76］马承源主编，《商周青铜器铭文选》，文物出版社，1988年版。

［77］王华权、刘景云编撰，徐时仪审校，《一切经音义三种校本合刊索引》，上海古籍出版社，2010年版。

［78］王云五主编，《丛书集成初编·仓颉篇》，商务印书馆，1936年版。

［79］王云五主编，《丛书集成初编·孔丛子》，商务印书馆，1936年版。

［80］袁珂校注，《山海经校注》，上海古籍出版社，1980年版。

参考文献

[1]《辞海》编辑委员会．辞海（缩印本）[M]．上海：上海辞书出版社，1979．

[2]《汉语大字典》编辑委员会．汉语大字典[M]．成都：四川辞书出版社，1986．

[3] 陈顾远．中国婚姻史[M]．北京：商务印书馆，2017．

[4] 陈涛．常用汉字浅释[M]．北京：新世界出版社，2011．

[5] 陈炜湛．汉字古今谈[M]．北京：语文出版社，1988．

[6] 陈星灿．中国古代的剥头皮风俗及其他[J]．文物，2000（1）：48-55．

[7] 程令政．秦及汉初刑罚制度研究——以出土简牍资料为主要依据[D]．长春：吉林大学，2020：151．

[8] 戴家祥．金文大字典[M]．上海：学林出版社，1995．

[9] 丁福保．说文解字诂林[M]．北京：中华书局，1988．

[10] 丁山．说文阙义笺[M]．台北：台湾"中研院"历史语言研究所，1930．

[11] 董莲池．新金文编[M]．北京：作家出版社，2011．

[12] 窦文宇，窦勇．汉字字源[M]．长春：吉林文史出版社，

2005．

［13］傅永和，李玲璞，向光忠．汉字演变文化源流［M］．广州：广东教育出版社，2012．

［14］高明，涂白奎．古文字类编［M］．上海：上海古籍出版社，2008．

［15］谷衍奎．汉字源流字典［M］．北京：华夏出版社，2003．

［16］郭沫若．卜辞通纂［M］．北京：科学出版社，1983．

［17］郭沫若．甲骨文字研究［M］∥郭沫若全集：考古编（第一卷）．北京：科学出版社，1982．

［18］郭沫若．金文丛考［M］．北京：人民出版社，1954．

［19］郭沫若．两周金文辞大系图录考释［M］．北京：科学出版社，1957．

［20］郭沫若．甲骨文合集［M］．北京：中华书局，1982．

［21］郭晓霞．视觉设计［M］．天津：南开大学出版社，2014．

［22］何九盈．中国汉字文化大观［M］．北京：北京大学出版社，1995．

［23］贺友龄．汉字与文化［M］．北京：警官教育出版社，1999．

［24］黄德宽，常森．汉字阐释与文化传统［M］．北京：北京师范大学出版社，2014．

［25］黄德宽．汉字构形方式的动态分析［J］．安徽大学学报（哲学社会科学版），2003（4）：1-8．

［26］黄德宽．书同文字：汉字与中国文化［M］．南京：江苏人民出版社，2018．

［27］黄金贵．古代文化词义集类辨考［M］．北京：商务印书馆，2016．

［28］金祥恒．续甲骨文编［M］．台北：艺文印书馆，1993．

［29］李惠.《说文解字》马部字研究［D］.大连：辽宁师范大学，2013.

［30］李圃.古文字诂林［M］.上海：上海教育出版社，2003—2004.

［31］李索.汉字与中华传统文化［M］.北京：高等教育出版社，2014.

［32］李孝定.甲骨文字集释［M］.台北：台湾"中研院"历史语言研究所，1970.

［33］李学勤.字源［M］.天津：天津古籍出版社，2013.

［34］林义光.文源［M］.上海：中西书局，2012.

［35］林沄.新版《金文编》正文部分释字商榷［C］∥中国古文字研究会第八届年会，1990.

［36］刘钊，洪飏，张新俊.新甲骨文编［M］.福州：福建人民出版社出版，2009.

［37］鲁迅.门外文谈［M］∥且介亭杂文.沈阳：万卷出版公司，2014：50.

［38］陆昕，徐世虹.中外法律文化大典——中外法律比较编年［M］.北京：中国政法大学出版社，1994.

［39］罗常培.语言与文化［M］.北京：语文出版社，1989.

［40］罗福颐.古玺文编［M］.北京：文物出版社，1981.

［41］罗振玉.增订殷虚书契考释［M］.北京：东方学会石印本，1927.

［42］吕叔湘.现代汉语八百词［M］.北京：商务印书馆，1999.

［43］彭文芳.古代刑名诠考［M］.武汉：武汉大学出版社，2015.

［44］齐元涛.《说文》小篆构形属性的计算机测查［J］.古汉

语研究，1999（1）：25-33．

[45] 齐元涛．构件的原生型功能与汉字的性质[J]．北京师范大学学报（社会科学版），2016（3）：63-67．

[46] 裘锡圭．裘锡圭学术文集[M]．上海：复旦大学出版社，2012．

[47] 裘锡圭．文字学概要[M]．北京：商务印书馆，1988．

[48] 容庚．金文编[M]．北京：中华书局，1985．

[49] 商承祚．《说文》中之古文考[M]．上海：上海古籍出版社，1983．

[50] 商承祚．甲骨文字研究[M]．天津：天津古籍出版社，2008．

[51] 苏宝荣．释"家"[J]．河北师范大学学报（社会科学版），1992（2）：24-26．

[52] 苏新春．汉字的语言性与语言功能[M]．济南：山东教育出版社，2014．

[53] 苏新春．文化语言学教程[M]．北京：外语教学与研究出版社，2006．

[54] 泰勒．原始文化[M]．蔡江浓，编译．杭州：浙江人民出版社，1988．

[55] 汤馀惠．战国文字编[M]．福州：福建人民出版社，2001．

[56] 唐兰．古文字学导论[M]．济南：齐鲁书社，1981．

[57] 唐兰．殷墟文字记[M]．北京：中华书局，1981．

[58] 唐兰．中国文字学[M]．上海：上海古籍出版社，1979．

[59] 唐译．图解说文解字[M]．北京：企业管理出版社，2014．

[60] 田炜．西周金文字词关系研究[M]．上海：上海古籍出

版社，2016．

[61] 汪宁生．民族考古学论集[M]．北京：文物出版社，1989．

[62] 王贵元．汉字构形系统及其发展阶段[J]．中国人民大学学报，1999（1）：104-109．

[63] 王国维．释天[M]//观堂集林（上）．北京：中华书局，1959：282．

[64] 王立军．汉字构形分析的科学原则与汉字文化研究[J]．河南师范大学学报（哲学社会科学版），1999（3）：76-80．

[65] 王立军．汉字形体变异与构形理据的相互影响[J]．语言研究，2004（3）：89-92．

[66] 王立军，等．汉字的文化解读[M]．北京：商务印书馆，2012．

[67] 王立民．古代东方法研究[M]．北京：北京大学出版社，2006．

[68] 王宁．汉字构形学导论[M]．北京：商务印书馆，2015．

[69] 王宁．汉字构形学讲座[M]．上海：上海教育出版社，2002．

[70] 王宁．汉字六论[M]．北京：中国大百科全书出版社，2017．

[71] 王晓平．国际中国文学研究丛刊（第二集）[C]．上海：上海古籍出版社，2013．

[72] 徐建中．汉字国学[M]．北京：中国商业出版社，2016．

[73] 徐杰舜．汉族风俗史（第一卷）[M]．上海：学林出版社，2004．

[74] 徐无闻．甲金篆隶大字典[M]．成都：四川辞书出版社，2010．

[75] 徐中舒. 甲骨文字典[M]. 成都：四川辞书出版社，1989.

[76] 徐中舒. 秦汉魏晋篆隶字形表[M]. 成都：四川辞书出版社，1985.

[77] 徐中舒. 汉语古文字字形表[M]. 成都：四川人民出版社，1981.

[78] 杨琳. 汉字形义与文化[M]. 天津：南开大学出版社，2012.

[79] 杨树达. 积微居甲文说·卜辞琐记[M]. 北京：中国科学院，1954.

[80] 杨树达. 积微居小学金石论丛（增订本）[M]. 北京：中华书局，1983.

[81] 杨树达. 积微居小学述林[M]. 北京：中华书局，1983.

[82] 杨一帆. 明大诰研究[M]. 南京：江苏人民出版社，1988.

[83] 于省吾. 甲骨文字释林[M]. 北京：商务印书馆，2010.

[84] 于省吾. 甲骨文字诂林[M]. 北京：中华书局，1996.

[85] 詹绪左，朱良志. 汉字与中国文化教程[M]. 芜湖：安徽师范大学出版社，2018.

[86] 张全民.《周礼》所见法制研究（刑法篇）[M]. 北京：法律出版社，2004.

[87] 张舜徽. 说文解字约注[M]. 武汉：华中师范大学出版社，2009.

[88] 张玉金，吴媛媛.《说文解字》"牛"部字文化生态研究[J]. 牡丹江师范学院学报（社科版），2019（3）：85-94.

[89] 郑春兰. 汉字由来[M]. 成都：四川辞书出版社，2012.

[90] 郑振峰. 论甲骨文字构形系统的特点及其演变[J]. 语

言研究．2004（3）：84-88．

［91］中国科学院考古研究所．甲骨文编[M]．北京：中华书局，1965．

［92］中国社会科学院考古研究所．殷周金文集成[M]．北京：中华书局，1984．

［93］中国社会科学院语言研究所词典编辑室．现代汉语词典（第7版）[M]．北京：商务印书馆，2016．

［94］周晓文．汉字构形属性历时演变的量化研究[M]．北京：中国广播电视出版社，2008．

［95］宗福邦，陈世铙，萧海波．故训汇纂[M]．北京：商务印书馆，2007．

［96］邹晓丽．基础汉字形义释源——《说文》部首今读本义（修订本）[M]．北京：中华书局，2007．

后　记

　　夏渐远，秋愈近。美丽的天大校园郁郁葱葱，不断向上生长的白杨和枝条强劲且"霸道"挤占空间的法国梧桐，让这个充满书香气的校园每一个季节都是美的。此时的白杨和法国梧桐已经有几片藏着的黄叶，这大概就是它们向北洋人透露的秋的信息。秋天，是收获的季节，正所谓"春华秋实"，该成语来自《后汉书》的"春发其华，秋收其实"。啰唆了一番，其实就想说自己也将要感受到收获的喜悦，春天播种的那片"自留地"总算结出了果实。

　　这些年教授留学生汉字课程，每年都会讲那几百个最常用的汉字，而最深的体会是：越熟悉，越陌生。之所以有如此体会，是源于学生对汉字形义提出的疑问和自己对汉字发展演变缺乏梳理、挖掘，本来熟悉的汉字解释起来就不那么简单了。因此，近几年授课之余就开始撰写一些说解汉字的小文，说形体，谈意义，探索汉字背后的文化内涵。日积月累，这种豆腐块儿的小文也积累了不少，有时也发表于网络上跟志同道合的网友讨论交流。之前不少好友建议出版成册，但我总觉得还不太成熟，一则是缺乏体系，较为零散；二则是由于自己精力和能力有限，对有些汉字的说解不够透彻，大胆猜测但证据不足。

如今，散落的小文终成册。这要感谢合著者马遂莲老师，在她的鼓励和帮助下，出书的计划才得以实施。她通读了我之前已发表和尚未发表的与汉字相关的文章，并花费了大量精力进行梳理筛选，在内容上也进行了不少增补，最终整理成书稿。在整理的过程中，王宁先生的汉字构形学理论给了我们很大的启发，本书对汉字构件和构形的理论分析主要参照了王宁先生的说法。

拙作之所以能够面世，得益于前辈、师友的支持和帮助。感谢我的导师张旭先生，先生多次提出修改意见并为本书赐序；感谢我的导师周宝宏先生的指导，先生对一些问题提出了修改意见并赐序鼓励；感谢赵卫老师通读书稿并提出修改意见。

感谢南开大学出版社第二编辑室张彤主任和杨硕老师，从本书的策划到出版，他们付出了很多，可以说，是他们的鼓励、严谨、耐心、细致方使本书得以顺利出版。

尽管本书倾注了大量心血，但因时间精力所限，对于博大精深的中国文化和充满先人智慧的汉字仍领悟不足，对先贤、前辈的理论观点仍需挖掘其中要义。因此，本书所阐述之观点、对汉字形义之分析、对文化知识的解读，或与先贤前辈观点有所出入；加之书稿基于前期积累的小文整理润色而成，其中的系统性亦有不尽完善之处。恳请各位前辈同人及读者予以批评指正。

王业奇，2022 年 8 月 8 日